GW00336647

French for You

Book one

COLIN ASHER AND DAVID WEBB

Hutchinson & Co. (Publishers) Ltd

An imprint of the Hutchinson Publishing Group
17-21 Conway Street, London W1P 5HL

Hutchinson Group (Australia) Pty Ltd
30-32 Cremorne Street, Richmond South,
Victoria 3121
PO Box 151, Broadway, New South Wales 2007

Hutchinson Group (NZ) Ltd
32-34 View Road, PO Box 40-086, Glenfield,
Auckland 10

Hutchinson Group (SA) (Pty) Ltd
PO Box 337, Bergvlei 2012, South Africa

First published 1982
© Colin Asher and David Webb 1982

Set in Century Schoolbook

Printed in Great Britain by The Anchor Press Ltd
and bound by Wm Brendon & Son Ltd,
both of Tiptree, Essex

British Library Cataloguing in Publication Data

Asher, Colin
  French for you.
  1
  1. French language – For schools — 1950-
  I. Title
  448   PC2112

  ISBN 0 09 146641 5

Acknowledgments

The authors gratefully acknowledge the help they
have received from the following in testing and
revising the material:
  Mr P.D. Morris, Head of Languages at Allerton
  Grange School, Leeds
  Mr D. Rudd, Head of Languages at Trinity
  School, Carlisle
  Mrs R. Thomas, Brigshaw Comprehensive
  School, Leeds
  M and Mme B. Weber, Collège de Ribeauvillé,
  Haut-Rhin, France

Designed by SGS Education, 8 New Row,
London WC2N 4LH

Illustrated by Dave Farris, Julia Osorno and Barry
Thorpe

The publishers would like to thank the following
for permission to reproduce copyright photographs:
Colin Asher, pages 3, 4, 24, 54, 64, 69, 70, 71, 86, 110,
114; Mansell Collection, pages 11, 27; Jean Webb,
pages 6, 66.

Contents

Preface

French for You is a two-part course for fourth- and fifth-year pupils who have already started French and who are working towards a CSE or 16+ examination.

The books are divided into units, each based on a topic and each providing practice in listening, speaking, reading and writing. Structures are introduced within the body of each unit and there is also a reference grammar towards the end of the book.

In the authors' experience, systematic re-introduction and practice of material already encountered in earlier years of foreign language learning is essential. In addition to extending pupils' knowledge of the French language and culture, *French for You* aims to gather together the strands of what has gone before, thus providing another chance to master what may previously have been imperfectly grasped. It is hoped that pupils may be helped to a new confidence, and that they will enjoy working with the course. Wherever possible, authentic French material has been used and each unit ends with a not-too-serious item, *la bonne bouche*.

Each unit has a list of *mots essentiels*, words that the pupils will need to learn. These have been kept to a minimum, and a French–English vocabulary has been provided for reference at the end of the book. Each book is accompanied by a cassette, and the symbol in the text indicates a taped item. A complete teacher's tapescript is included in each book.

What are they like?

This Unit is about how to give and find out personal
information and how to describe people and things. When you
have finished it, you will be able to talk about yourself and
other people and exchange information on these topics: age,
address, date and place of birth, appearance and likes and
dislikes. You will also have learnt how to set out a letter to a
French friend.

Cartes d'identité

Every French adult has to carry an identity card. If these
famous people from French history were alive today, their
identity cards might look something like this:

Nom	d'Arc	Bonaparte	de Gaulle
Prénom	Jeanne	Napoléon	Charles André Marie Joseph
Domicile	Orléans	Paris	Paris
Âge	18 ans	35 ans	75 ans
Date de naissance	1412	le 15 août 1769	le 22 novembre 1890
Lieu de naissance	Domrémy (Lorraine)	Ajaccio (Corse)	Lille (France)
Taille	moyenne: 1m 62	petite: 1m 57	très grande: 1m 91
Poids	50 kg	70 kg	86 kg
Yeux	bruns	bruns	bleus
Profession	capitaine d'armée	général	président de la République française

1 Now use the information on the identity cards to answer these questions:

a Comment s'appelle la jeune fille sur la première photo?

b Où habite Napoléon?

c Quels sont les prénoms du Président de Gaulle?

d Quel âge a Napoléon? et de Gaulle?

e Quel est l'anniversaire de Napoléon?

f Comment s'appelle le village où Jeanne d'Arc est née?

g Qui est le plus grand des trois?

h Combien est-ce que Napoléon pèse?

i Qui a les cheveux bruns?

j Qui a les yeux bleus?

2 Say whether the following statements about the characters are true *(vrai)* or false *(faux)*, and if false, try to correct them:

a Napoléon est né à Paris.

b Jeanne d'Arc a dix-sept ans.

c Elle habite Domrémy.

d Nous savons la date exacte de la naissance de Jeanne.

e De Gaulle est né en dix-huit cent quatre-vingt-dix.

f Domrémy est en Alsace.

g Jeanne pèse quinze kilos.

h De Gaulle est le plus lourd des trois.

i Les yeux de Jeanne sont de la même couleur que ses cheveux.

j Jeanne est plus grande que de Gaulle et plus petite que Napoléon.

3 Imagine you have to fill in an identity card for the person in this picture. Before you start, make a list of the headings (**Nom, Prénom**, etc.), then listen to the tape and write in the details.

4 Look again at the identity cards and make two more, one giving details of yourself and one of a friend. Learn the details for future use and be prepared to describe yourself in French making use of this information.

You will need to answer questions such as:

Comment vous appelez-vous?

Où habitez-vous?

Quel âge avez-vous?

Quelle est la date de votre anniversaire?

En quelle année êtes-vous né(e)?

Où êtes-vous né(e)?

Combien mesurez-vous?/De quelle taille êtes-vous?

Combien pesez-vous?

De quelle couleur sont vos yeux/vos cheveux?

Finding out names and giving them

There are two kinds of questions you might be asked if someone wanted to know your name:

Comment vous appelez-vous?/Comment t'appelles-tu?

or *Quel est votre/ton nom?*

In answer to the first one you would say:

Je m'appelle (Philip Smith);

and in the second case you would say:

C'est (Philip Smith) or perhaps just (Philip Smith).

If you wanted to ask someone what another person was called, you would say:

Comment s'appelle-t-il/elle?

and if it was more than one person you wanted to find out about:

Comment s'appellent-ils/elles?

Sometimes you might want to specify the person you were asking about, like this:

Cette jeune fille, comment s'appelle-t-elle?

or Comment s'appelle *cette jeune fille?*

Le capitaine de l'équipe française, comment s'appelle-t-il?

or Comment s'appelle *le capitaine de l'équipe française?*

If you were asking about someone, you would expect the answer to start

Il/elle s'appelle... or *Ils/elles s'appellent...*

Now prepare answers to these questions:
a Comment vous appelez-vous?
b Comment s'appelle votre soeur/votre frère?
  Comment s'appellent vos soeurs/vos frères?
c Votre professeur de français, comment
  s'appelle-t-il/elle?
d Vos chanteurs préférés, comment
  s'appellent-ils?
e Votre meilleur(e) ami(e), comment
  s'appelle-t-il/elle?

Jean-Paul Raveneau

Read the information given about Jean-Paul Raveneau,
then do the exercises:

Nom:	Raveneau
Prénom:	Jean-Paul
Age:	vingt-quatre ans
Anniversaire:	le quatorze août
Nationalité:	française
Poids:	79 kg
Taille:	1m 75
Cheveux:	bruns
Yeux:	bruns

Personnalité

Caractère:	aimable
Principale qualité:	il ne fume pas
Principal défaut:	il parle trop
Passion:	les vieilles autos
Ambition:	devenir célèbre

Goûts

Sport préféré:	la natation
Passe-temps préférés:	aller au cinéma et faire des promenades à bicyclette
Plat préféré:	le bifteck
Boisson préférée:	le vin de Champagne

1 Complete the sentences below by choosing
  the correct information:

a Il a...
A 17 ans
B 24 ans
C 24 ans
D 45 ans

b Il est né...
A au printemps
B en été
C en automne
D en hiver

c Il pèse...
A seize kilos
B soixante-neuf
   kilos
C soixante-dix-
   neuf kilos
D trente-neuf kilos

3

d Il mesure . . .
  A un mètre
     soixante-neuf
  B un mètre
     cinquante-cinq
  C un mètre
     quatre-vingts
  D un mètre
     soixante-quinze

e Il a les cheveux . . .
  A courts
  B longs
  C gris
  D blonds

f Il est . . .
  A gentil
  B paresseux
  C drôle
  D méchant

g Il déteste . . .
  A les autos
  B le cinéma
  C le vin
  D les cigarettes

h Il aime se promener . . .
  A à vélo
  B en auto
  C à cheval
  D à pied

i Il préfère manger . . .
  A le poisson
  B le boeuf
  C les pommes
     de terre
  D le fromage

2 Using the model above, give a profile of
yourself or one of your friends.

Regardez bien!

Look at the picture of passers-by in a Belgian
street, then do the exercises:

Alain Delmas   M et Mme Kerpel   Mme Renay   Anne-Marie Godin   Valérie Ibert

1 *Questions*
a Combien de personnes portent des lunettes?
b Combien de sacs à main voyez-vous?
c ... et qui le porte?
d Combien de vestons de cuir y a-t-il?
e ... et comment s'appellent les personnes qui les portent?
f Combien de femmes portent un manteau?
g ... et comment s'appellent-elles?
h Combien d'hommes portent un pardessus?
i ... et comment s'appellent-ils?
j Qui porte un chapeau ou une casquette?
k Combien de jeunes filles en jean ou en pantalon y a-t-il?
l Comment s'appelle la femme en jupe?

2 Complete the following description of Alain Delmas:
Cet homme _____ Alain Delmas. Il est assez _____. Il n'est pas _____, mais il n'est pas vieux non plus. Il a les _____ bruns et courts et il a une petite moustache _____. Aujourd'hui il porte un _____ gris et un _____ noir à col roulé.

3 Who are these persons?
a Cette jeune fille est assez jeune (elle a 13 ou 14 ans) et elle a les cheveux longs et châtains. Elle n'aime pas les jupes et porte toujours un jean et un veston de cuir.
b Ce monsieur est assez âgé (il a environ 65 ans). Il a les cheveux gris et porte un pardessus noir. Aujourd'hui il porte aussi une casquette. Il ne porte pas de lunettes.

4 Now write similar descriptions of Mme Renay and Anne-Marie Godin.

Describing people and things
If you want to ask what someone or something is like, you use *Comment ...?* For example:
   'Ta voiture, *comment* est-elle?'
In the answer you will usually hear one or more adjectives:
   'Eh bien, elle est assez *neuve, bleue* et très *confortable. Rapide* aussi, mais très *économique.* C'est une Renault 5.'
Adjectives in French change according to what they are describing and usually have different forms according to whether they are masculine, feminine or plural. The normal pattern is:
   un livre intéressant
   des livres intéressants
   une histoire intéressante
   des histoires intéressantes.
But some adjectives are irregular, and have to be learnt separately, for example:
   blanc/blanche (white)
   vieux/vieille (old)
   beau/belle (beautiful).
A more complete list of irregular adjectives appears in the Reference Grammar, page 124.

Adjectives usually come after the noun they are describing (un film *amusant*), but some common ones come in front, for example:
grand (tall)	jeune (young)
petit (small)	joli (pretty)
nouveau (new)	bon (good)
vieux (old)	mauvais (bad)
gros (big, fat)	beau (fine, beautiful)

This and that ...
To say *this/that ...* or *these/those ...* you use
	singular	plural
masc.	ce	
	cet (before a vowel)	ces
fem.	cette	
For example:
   Ce pantalon est bleu.
   Cet enfant a les cheveux blonds.
   Cette chemise est chère.
   Ces hommes sont français.
   Ces jeunes filles portent des chaussures de tennis.

If you want to stress that you mean *this* thing as opposed to *that* one, you add *-ci* (this) or *-là* (that) to the noun:
   Ce pull-*ci* est trop grand, ce pull-*là* est trop petit!
   Je préfère ces pantalons-*là* à ces pantalons-*ci*.

La lettre d'Anne-Marie

Read the following letter, then do the exercises:

Meaux, le 29 septembre

Chère Alison,

Je m'appelle Anne-Marie Faivre et j'ai 15 ans. Le prof. d'anglais dit que tu cherches une correspondante française. Moi, je veux bien correspondre avec une jeune Anglaise.

J'habite Meaux, qui est une petite ville située sur la Marne, à environ 35 km au nord-est de Paris. J'ai un frère (17 ans) et une soeur (12 ans). Mon père travaille dans un bureau et ma mère est vendeuse dans une pâtisserie à Meaux.

J'aime nager (il y a une belle piscine neuve à Meaux) et écouter les disques. Quel est ton groupe préféré? Le soir, je fais mes devoirs ou je sors avec mes amis.

Voici une photo prise l'été dernier. Je suis blonde et j'ai les yeux bleus.

Quel âge as-tu, et quelle est la date de ton anniversaire? Est-ce que tu as des frères ou des soeurs? Et quels sont tes passe-temps préférés?

Écris-moi bientôt,

Anne-Marie Faivre

Whilst we write our full address at the top of a letter, French people usually put just the town and the date. However, they put the full address on the back of the envelope. This means that if a letter goes astray it can be returned to the sender without being opened.

6

1 *Questions*
a Anne-Marie, quel âge a-t-elle?
b Combien de frères a-t-elle?
c Sa soeur, quel âge a-t-elle?
d Où habite-t-elle?
e Quels sont ses passe-temps préférés?

2 Now look at the photo Anne-Marie has sent to Alison. Write a short description of her using the words and phrases you have been practising in the Unit so far.

3 Answer these questions about yourself:
a Quel âge avez-vous?
b Avez-vous des frères? des soeurs?
c Combien de personnes y a-t-il dans votre famille?
d Où habitez-vous?
e Que faites-vous le soir?
f Aimez-vous nager?
g Avez-vous les yeux bleus?
h Avez-vous les cheveux blonds? Si *non*, de quelle couleur sont-ils?

The Present tense
Most of the verbs in this Unit are in the Present tense, which is the tense people use most of the time in normal conversation. The formation of the three regular types of verbs is shown in the Reference Grammar, page 124. However, many common verbs are irregular and have to be learnt separately. The most common irregulars are given in the Verb Table on page 131.

Asking questions
For questions which expect the answer *Oui* ... or *Non* ..., all you need do is keep the verb the right way round and raise your voice slightly at the end of the question. For example,
    Vous avez un frère?
or M Martin travaille en ville?

Another easy way to ask this kind of question is to start with *Est-ce que* ...?
    Est-ce que vous avez un frère?
or Est-ce que M Martin travaille en ville?

A third way is to turn the verb round, like this:
    Avez-vous un frère?
or M Martin, travaille-t-il en ville?

For practice, try these. What questions received these answers? (Remember there are three possibilities in each case):
    a Oui, j'aime beaucoup la musique moderne.
    b Oui, je parle français, un peu.
    c Oui, il pleut beaucoup en Angleterre.
    d Ma soeur? Non, elle a les cheveux blonds.
    e Non, le directeur n'est pas très sévère.

Accidents de route

Here are some extracts from a Belgian local newspaper giving brief details of accidents which happened one weekend near the town of Liège. Read them through, then do the exercises.

LIÈGE — rue de Bex, collision entre une auto et le motocycliste Emile Colemont, rue G. Thiriards 27, à Liège. Ce dernier, qui a une fracture ouverte de la jambe droite, a été transporté à Bavière par l'ambulance des pompiers de Liège. (Samedi, 11h.)

HARZE — route Bastogne – Liège, au carrefour Békannou, collision entre une auto conduite par M André Damsin et la petite Anne-Marie Bouvier (8). Cette dernière est blessée au visage et au pied droit. (Dimanche, 15h 20.)

ROCOURT — Chaussée de Tongres, Mme Maria Monseur, (68), avenue de l'Observatoire 50, à Lierneux, a fait une chute et s'est blessée à l'épaule gauche. Elle a été transportée aux Anglais par l'ambulance des pompiers de Liège. (Samedi, 17h 15.)

7

HERSTAL — rue Elvaux, en face du 5, le cyclomotoriste, Eugène Leroy, rue Joset 45, à Momalle, a heurté deux autos en stationnement: celle de M Gaston Goffin, rue de Fléron, à Momalle, et celle de son beau-père, M Joseph Pieters, rue Elvaux 5, à Herstal. M Leroy, pour qui l'on craint une fracture du bras gauche a été transporté à Bavière, par une ambulance de la Protection civile. (Samedi, 20h 30.)

VIGNEVIS — rue de Cheratte, une Simca 1000 a été déportée dans un virage, a heurté le talus de gauche et s'est immobilisée, les roues en l'air. La voiture est hors d'usage. Le conducteur, M Walter Dubois (20), rue des Wallons 84, à Vignevis, qui était seul, a été blessé au visage et au genou droit. (Dimanche, 11h 15.)

FLEMALLE-GRANDE — Place Joseph Wauters, Philippe Guitoun (6), rue Crucifix 17, à Flemalle-Grande, a fait une chute de vélo et s'est blessé au bras droit. Le garçon a été transporté à la clinique Merlot par l'ambulance des pompiers de Seraing. (Samedi, 19h.)

1

a What injuries were received by these people?
M Colemont
Anne-Marie Bouvier
Mme Monseur
M Leroy
M Dubois
Philippe Guitoun

b What do you think Bavière is? What other two similar places are mentioned in the extracts?

c Which of the injured people were riding bikes, mopeds or motor bikes?

d Give, in English, a brief description of the accident at Herstal involving M Leroy.

e What is different about the way Belgian addresses are written from the English and French arrangement?

f Which was the first accident to happen? Which was the last?

g Who was the oldest person to be injured? Who was the youngest?

2 Look at the reports of the accidents which happened at Vignevis and at Rocourt. The injured people gave the following answers in reply to questions. What were the questions?

a 'Je m'appelle Walter Dubois.'
b 'J'ai vingt ans.'
c 'Mon adresse est rue Joset 45, à Momalle.'
d 'Oui, j'ai une Simca Mille.'
e 'Je suis blessé au visage et au genou droit.'

a 'Mon nom? C'est Maria Monseur.'
b 'Oui, j'ai soixante-huit ans.'
c 'J'habite Lierneux.'
d 'Oui, je suis seule à la maison.'
e 'Non, je suis blessée à l'épaule gauche.'

Accident à Orléans

Read through the newspaper report of a street accident at
Orléans, then do the exercises:

ACCIDENT A ORLEANS
DENISE SOUCHET, VEDETTE DE TELEVISION, GRAVEMENT BLESSEE

Hier soir, Mlle Denise Souchet, présentatrice de la série de télévision INTER-STAR, a été frappée par une voiture en traversant la rue des Florentins. La voiture, malgré les cris des passants, a continué sa route vers la sortie de la ville et a bientôt disparu dans la circulation intense de la fin d'après-midi. Mlle Souchet, 25 ans, qui habite à Vincennes (Val-de-Marne), passait le week-end chez des amis avant de retourner à Paris pour préparer son programme de la semaine prochaine. Gravement blessée, Mlle Souchet a été transportée par l'ambulance Denoyer à l'hôpital Ste-Geneviève, d'où nous recevons ce bulletin: Mlle Souchet n'a pas encore repris connaissance. Elle a une fracture de la jambe droite, une fracture du bras droit et de multiples blessures internes. Pourtant sa vie n'est pas en danger et on espère une récupération totale.

Les parents de Mlle Souchet, appelés d'urgence près de la blessée, sont encore à Ste-Geneviève et attendent une prochaine reprise de connaissance de leur fille.

Les policiers, avertis par le propriétaire d'une épicerie voisine, ont commencé leurs recherches pour trouver le conducteur de la voiture ou la voiture elle-même. On recherche une Citroën GS bleue, conduite par un homme de 25 à 30 ans aux cheveux frisés et vêtu d'un veston de cuir noir (ou de couleur sombre) et d'un pullover blanc.

1 *Questions*

a What was Mlle Souchet doing at the time of the accident?

b What was the reaction of those who saw the accident?

c What did the driver of the car do?

d What was Mlle Souchet doing in Orléans that weekend?

e Why did she have to return to Paris?

f What details have been released by the hospital about her condition?

g Where are her parents now, and what are they doing?

h What are the police looking for?

i Who informed them of the accident?

j What description do we have of the car's driver?

2 Complete the following:

a Le nom de la victime est _____.

b Elle _____ 25 ans.

c Elle _____ Vincennes.

d Elle _____ présentatrice d'un programme de télévision qui _____ INTER-STAR.

e Mlle Souchet est _____ à la _____ droite et au bras _____.

f La police _____ le conducteur de la voiture.

g Cet homme _____ un veston de cuir.

3 In the course of their inquiries to locate the driver who knocked down Denise Souchet, the police are interviewing all owners of Citroën cars like the one involved in the accident. Imagine that you are a man who has such a car and who is being questioned by a policeman. Answer his questions in the way suggested:

Agent: Bonjour, monsieur. Je dois vous poser des questions sur un accident qui s'est passé hier, rue des Florentins. Je peux entrer?

Vous: (Tell him yes, come in)

Agent: Merci bien. (Pause, while he takes out a details form) ... Quel est votre nom, monsieur?

Vous: (Tell him you're called Roger Jamart)

Agent: ... et quel âge avez-vous?

Vous: (Tell him 26)

Agent: Votre adresse ... vous habitez ici?

Vous: (Tell him yes, you live here, it's 56, rue Étienne Duval)

Agent: Avez-vous une voiture, une Citroën GS?

Vous: (Tell him yes, you've a Citroën GS)

Agent: De quelle couleur est-elle, s'il vous plaît?

Vous: (Tell him it's blue)

Agent: Bon, merci. (He writes it down, then looks at you closely) Vous avez les cheveux bruns ...

Vous: (Yes, you've brown hair)

Agent: ... et de quelle couleur sont vos yeux? Gris?

Vous: (No, they're brown, as well)

Agent: Oui, bien sûr. (Writes it down) ... Est-ce que vous avez un veston de cuir?

Vous: (Yes, it's black)

Agent: ... et un pullover blanc?

Vous: (Tell him you've two white pullovers, why?)

Agent: (Doesn't answer) Votre voiture, monsieur, je peux l'examiner?

Vous: (Tell him yes, he can examine it)

Agent: Elle est là?

Vous: (Yes, it's here, in the garage)

Agent: Bon. (Goes off and comes back five minutes later) Voilà, c'est ça. Je peux vous laisser tranquille maintenant, monsieur. Votre voiture n'est pas la Citroën que nous cherchons. Votre voiture est toute neuve, propre et en bon état: l'autre est assez vieille, sale et en très mauvaise condition. Allez, au revoir, monsieur, et encore une fois merci.

Vous: (Breathing a sigh of relief, say goodbye to him)

La bonne bouche
Mots croisés

The Dutch artist Vincent van Gogh (1853 – 90) painted some of his most famous works in France, spending the last two years of his life in Provence. He suffered from mental illness and on one occasion cut off part of his ear.

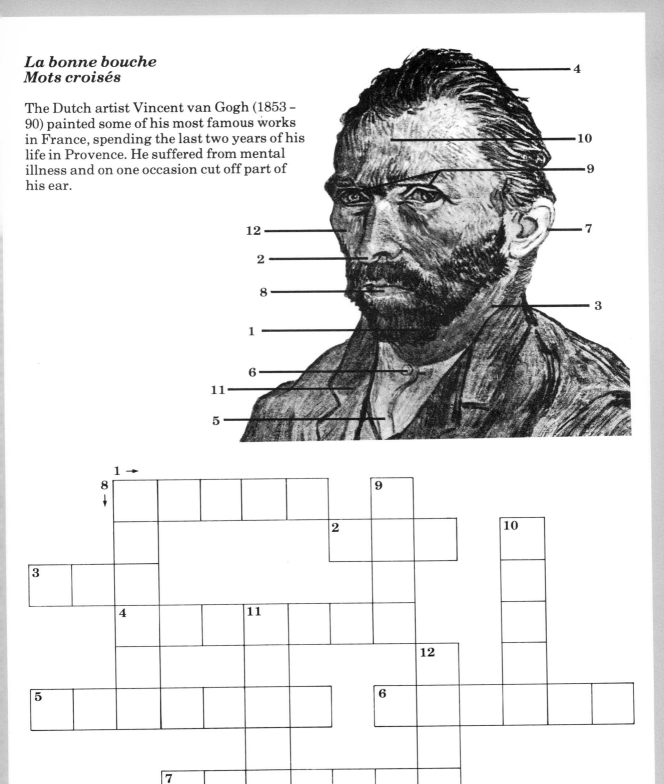

Mots essentiels

1

Le corps	**the body**
la barbe	beard
la bouche	mouth
le bras	arm
le(s) cheveu(x)	hair
le cou	neck
une épaule	shoulder
le front	forehead
le(s) genou(x)	knee(s)
la jambe	leg
la joue	cheek
la main	hand
le nez	nose
un oeil (les yeux)	eye(s)
une oreille	ear
le pied	foot
le visage	face

2

Les vêtements (m)	**clothes**
le bouton	button
la casquette	cap
le chapeau	hat
la chaussure } *le soulier*	shoe
la chemise	shirt
la cravate	tie
un imperméable	raincoat
le jean	jeans
la jupe	skirt
les lunettes (f)	glasses
le manteau	overcoat (woman's)
le pantalon	trousers
le pardessus	overcoat (man's)
le pull(over)	pullover
la robe	dress
la veste } *le veston* } *(de cuir)*	(leather) jacket

3

Les saisons (f)	**the seasons**
au printemps	in spring
en été	in summer
en automne	in autumn
en hiver	in winter

4

anglais	English
français	French
blanc(he)	white
bleu	blue
brun	brown
gris	grey
noir	black
blond	blond, fair
petit	small
moyen(ne)	average
grand	big, tall
long(ue)	long
court	short
droit	right
gauche	left
propre	clean
sale	dirty
neuf (neuve)	(brand) new
nouveau (nouvelle)	new
aimable } *gentil(le)* }	pleasant, nice
drôle	funny
lourd	heavy
méchant	nasty
paresseux (-euse)	lazy
blessé	hurt, injured
préféré	favourite

Daily life

This Unit is about life at home. When you have finished it, you will be able to exchange information about the members of your family and daily routine at home: getting up, going to school, meal times, evening activities, and so on. You will get practice in saying who something belongs to and learn about some important dates in the French calendar.

La journée de Marcel: 7h à 8h 30

Look at the pictures and the accompanying text, then answer the questions.

Marcel se réveille tous les jours à sept heures. Il se lève et va à la salle de bains où il se lave. Puis il s'habille. Dix minutes plus tard, il prend le petit déjeuner. À huit heures moins le quart il part pour l'école. Il prend l'autobus et arrive à l'école à huit heures et demie.

13

1 *Questions*
a Que fait Marcel à 7h 10?
b À quelle heure est-ce qu'il prend l'autobus?
c Que fait-il à 7h 15?
d Est-ce qu'il se réveille à 7h 20?
e À quelle heure est-ce qu'il se lève?
f Que fait-il à 8h 30?
g Est-ce qu'il part pour l'école à 7h 20?
h Est-ce qu'il prend le petit déjeuner à 7h 30?
i À quelle heure est-ce qu'il arrive à l'école?
j Que fait-il à 7h?

2 Listen to *la journée de Martine*: an account of how Martine starts her day. Your teacher will tell you how many times the tape will be played and when to answer the following questions:
a À quelle heure est-ce que Martine se réveille?
b À quelle heure est-ce qu'elle se lève?
c Que fait-elle à 7h 30?
d Quand est-ce qu'elle prend le petit déjeuner?
e Que fait-elle à 8h?
f À quelle heure est-ce qu'elle arrive à l'école?

Reflexive verbs
In English it is quite common for people to say things like 'Did you hurt yourself?', 'Have you cut yourself?' or 'Look at yourself in the mirror'. The same sort of thing happens in French, but also they sometimes use 'myself', etc. to indicate actions which are described by a simple verb in English. For example, where the French say *'il se lève'* (he gets *himself* up) we would just say 'he gets up'. In the same way they would say *'il s'habille'* (he gets *himself* dressed) and *'il se rase'* (he shaves *himself*). These are known as reflexive verbs and are recognized by their reflexive pronoun which goes with them. For example:

se laver (to get washed)

je *me* lave	nous *nous* lavons
tu *te* laves	vous *vous* lavez
il/elle *se* lave	ils/elles *se* lavent.

When the verb is negative, the reflexive pronoun still goes straight in front of it:
Le père de Jules ne *se rase* pas, il a une barbe.
Le dimanche Mireille ne *se lève* pas avant onze heures.

The reflexive verbs you will need most often are mostly -ER verbs and are to do with daily routine:
se réveiller (to wake up)
se lever (to get up) — Note: the first *'e'* is written *è*, except in the *nous* and *vous* forms, e.g. je me *lève*, but nous nous *levons*
se laver (to get washed)
se raser (to get shaved)
s'habiller (to get dressed)
se peigner (to comb one's hair)
se brosser les dents (to brush one's teeth)
se déshabiller (to get undressed)
se coucher (to lie down/go to bed)
You also need to know *s'appeler* (to be called — see Unit 1) and *s'asseoir* (to sit down):

je m'assieds	nous nous asseyons
tu t'assieds	vous vous asseyez
il/elle s'assied	ils/elles s'asseyent

Un examen oral

Look at this dialogue between an oral examiner and his candidate: these are some of the things *you* might be asked about what you do each day:

Examinateur:	Bonjour, mademoiselle.
Élève:	Bonjour, monsieur.
Examinateur:	Asseyez-vous.
Élève:	Merci bien.
Examinateur:	Comment vous appelez-vous?

Élève:	Je m'appelle Valerie Smithson.
Examinateur:	Bon. Alors, Valerie, pour commencer voulez-vous me parler de votre journée? Par exemple, qu'est-ce que vous faites le matin?
Élève:	Eh bien, d'abord je me réveille ...
Examinateur:	À quelle heure?
Élève:	Oh, vers sept heures et demie.
Examinateur:	Et après, qu'est-ce que vous faites?
Élève:	Après, je me lève, et je me lave dans la salle de bains.
Examinateur:	Puis ... ?
Élève:	Puis je retourne à ma chambre, je m'habille, je me peigne et je descends à la cuisine.
Examinateur:	Et dans la cuisine, qu'est-ce que vous faites?
Élève:	Mon frère et moi, nous aidons notre mère à préparer le petit déjeuner, puis, après, je remonte à la salle de bains, je me brosse les dents, je me peigne encore une fois.
Examinateur:	Bien. Et à quelle heure quittez-vous la maison?
Élève:	Généralement je pars pour l'école à huit heures et demie ou à neuf heures moins vingt-cinq.
Examinateur:	Très bien, mademoiselle, merci.

1 Other things connected with daily routine will be covered in later Units, such as meals, school and transport. For the moment prepare answers, using Valerie's performance as a pattern, for these questions:

a À quelle heure vous réveillez-vous, normalement?

b Et le weekend, à quelle heure vous réveillez-vous?

c Qu'est-ce que vous faites après? (Use *se lever, se laver* and *s'habiller*, saying *where* you do these things for the last two)

d Quand est-ce que vous vous brossez les dents?

e Vous peignez-vous dans votre chambre?

f À quelle heure est-ce que vous prenez le petit déjeuner?

g À quelle heure est-ce que vous partez pour l'école?

h À quelle heure est-ce que vous vous couchez, normalement?

i Et le weekend, à quelle heure vous couchez-vous?

2 Once you are sure your French is correct and have practised the answers with your teacher, divide into pairs. One of you closes the book while the other takes the part of the oral examiner and asks you the questions put to Valerie, or similar ones. When you (and your partner!) are satisfied that you have practised enough, change round.

On

In the passage on page 16 and in many other Units of the book, you will see the pronoun *on*. This convenient word usually refers to people in general, where in English we would say *people, they* or *you*. It is used much more widely than the English *one*. You might say, for example,

En France on ne mange pas beaucoup au petit déjeuner (*people/they* don't ...)

On achète le pain à une boulangerie (*You* buy ...)

Sometimes, instead of *on* alone, you may see *l'on*, especially when the word before it ends in a vowel, for example *si* (if) or *où* (where).

Une journée en famille

The following is an article from a French school magazine,
written after an exchange visit to England. Read it through,
then do the exercises.

Chaque famille a, bien entendu, une vie différente. On peut, malgré tout, parler d'une journée typique.

Beaucoup de nos correspondants ont une petite activité qui leur permet de gagner leur argent de poche: certains font du baby-sitting, d'autres distribuent des journaux. Les élèves qui distribuent des journaux se lèvent très tôt, vers 6h. Ils recommencent leur tournée après leur sortie de l'école.

Nous nous levons vers 7 h 30 ou 8 h. Certaines familles pratiquent encore la tradition de l' 'early cup': une tasse de thé au saut du lit. Le petit déjeuner est copieux: oeufs au bacon, corn flakes, toast et confiture, petits gâteaux secs ... et même des saucisses. Ensuite chacun va à ses affaires.

À midi, chacun déjeune sur son lieu de travail.

Au retour de l'école, c'est le 'tea': un véritable dîner avec de nombreux desserts, que l'on prend entre 5 et 6 heures. Dans plusieurs familles on s'habille pour ce dîner: chemise blanche, costume foncé, cravate. Après ce 'thé' tout le monde sort: en promenade dans les parcs, à la patinoire, à la piscine, au cinéma ou à la discothèque. Pendant ces sorties, on mange des 'fish and chips': on en trouve des boutiques à tous les coins de rue.

Vers 10 ou 11h de retour à la maison, on prend à nouveau un léger repas avant d'aller se coucher ... avec une tasse de thé, bien entendu.

Nous aimons beaucoup la gaité de la vie familiale anglaise. Les gens chantent volontiers lorsqu'ils ne regardent pas la télévision et qu'ils n'écoutent pas la musique de la radio ou de leur chaîne haute-fidélité. Chacun va à ses propres affaires avec beaucoup d'indépendance. Mais tous se retrouvent au 'thé'. Ce mélange de liberté et de tradition est très sympathique.

1 *Questions*

a Some of the French children's English partners have a part time job baby-sitting. Which other job is mentioned?

b What time did the French children get up?

c Where does everyone have their midday meal?

d According to the French children, is tea a large or small meal?

e After tea, people go to the parks, the cinema or to a disco. Name one other place mentioned.

f When the English are not looking at TV or listening to music what, according to the writer, do they often do?

g The writer sees English family life as a mixture of two things. What are they?

2 Is your own daily routine similar to that described in the magazine article? Answer these questions:

a Est-ce que vous avez 'une petite activité'?

b Combien d'argent de poche recevez-vous chaque semaine?

c À quelle heure vous levez-vous?
d Que prenez-vous pour le petit déjeuner?
e À quelle heure prenez-vous le déjeuner?
f Est-ce que vous rentrez à la maison pour déjeuner?
g Où allez-vous quand vous sortez le soir?
h Que faites-vous quand vous restez à la maison?
i Aimez-vous chanter?
j Quels sont les principaux repas de la journée?

3 What differences are there between your day and that described in the article? Try to write at least four sentences. The following may help you:

   Ils se lèvent vers 7h 30 ou 8h. Je me lève ...
   Au petit déjeuner ils mangent ...
      Je mange ...
   Ils prennent le 'tea' entre 5 et 6 heures. Je prends le 'tea' ...
   Après le 'tea', je ...

Possessive adjectives
In Unit 1 you practised agreement of adjectives and noted that adjectives have to agree with what they are describing. The same goes for Possessive Adjectives (*my, your*, etc.) which are included in this Unit. They are:

masc.	*fem.*	*plural*		*masc.*	*fem.*	*plural*	
mon	ma	mes	(my)	notre		nos	(our)
ton	ta	tes	(your)	votre		vos	(your)
son	sa	ses	(his, her, its, one's)		leur	leurs	(their)

If a feminine word starts with a vowel, don't use *ma, ta, sa* but *mon, ton, son*. For example:
une auto ... mon auto
une orange ... ton orange
une échelle ... son échelle

For practice, try these. Fill in the spaces with the appropriate possessive adjective:
a Il prend _____ petit déjeuner à 7h 30.
b 'Je m'habille dans _____ chambre,' dit Martine.
c 'À quelle heure quittez-vous _____ maison?' demande l'examinateur.
d Nous rencontrons _____ amis français à la gare.
e Elle arrive à _____ école à 9h.

L'anniversaire de Madame Mercier

C'est le 17 novembre, l'anniversaire de Mme Yvette Mercier.
Elle a cinquante ans. Tous les membres de sa famille ont un
cadeau pour elle. Voici sa famille et les cadeaux:

a son mari, Jacques

b son père, André
   sa mère, Françoise

c son frère, Alain
   sa soeur, Madeleine

d son fils, Robert
   sa fille, Chantal

e son cousin, Henri

f son beau-père, Charles
   sa belle-mère, Julia

g sa tante, Louise
   son oncle, Gérard

h son neveu, Christophe
   sa nièce, Anne-Marie

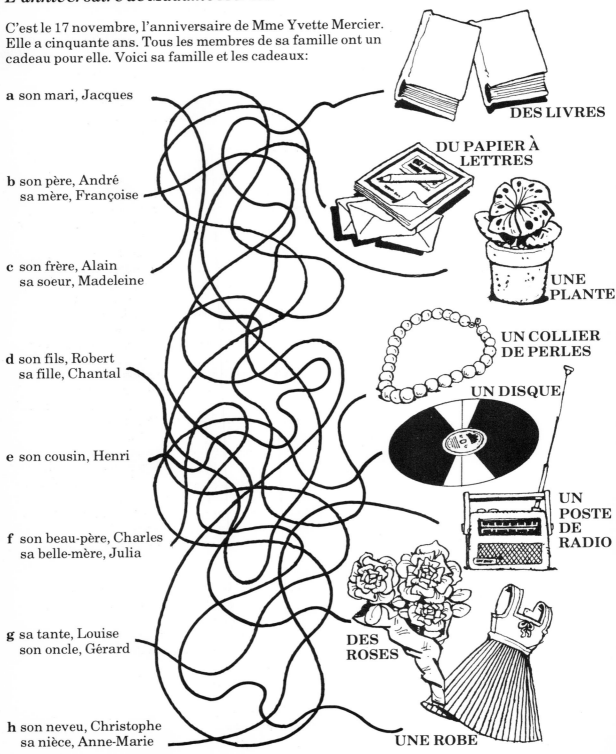

DES LIVRES

DU PAPIER À LETTRES

UNE PLANTE

UN COLLIER DE PERLES

UN DISQUE

UN POSTE DE RADIO

DES ROSES

UNE ROBE

1 *Questions*

What do they give Mme Mercier? Follow the lines to find out, then complete the following:

a Son mari offre à sa femme ...

b Ses parents offrent à leur fille ...

c Son frère et sa soeur offrent à leur soeur ...

d Son fils et sa fille offrent à leur mère ...

e Son cousin offre à sa cousine ...

f Ses beaux-parents offrent à leur belle-fille ...

g Son oncle et sa tante offrent à leur nièce ...

h Son neveu et sa nièce offrent à leur tante ...

2 Now supply answers for these questions *to* Mme Mercier's relations:

a Jacques, qu'est-ce que vous offrez à votre femme?

b Alain et Madeleine, qu'est-ce que vous offrez à votre soeur?

c Henri, qu'est-ce que vous offrez à votre cousine?

d Louise et Gérard, qu'est-ce que vous offrez à votre nièce?

e Christophe et Anne-Marie, qu'est-ce que vous offrez à votre tante?

f Jacques, quel âge a votre femme?

g Alain, combien de soeurs avez-vous?

h Chantal, combien de frères avez-vous?

i Charles et Julia, êtes-vous les parents d'Yvette?

j Charles, comment s'appelle votre femme?

3 *Vrai, faux ou possible?*

Look again at the members of Mme Mercier's family, then say whether the following statements about their relationships are true, false or simply possible:

a Yvette est la femme de Jacques.

b Julia est la mère d'Yvette.

c Robert et Chantal sont les cousins de Christophe et d'Anne-Marie.

d Anne-Marie est la fille de Gérard.

e Charles est le père de Jacques.

f Henri est le fils de Louise.

g Christophe est le fils de Madeleine.

h Chantal est la soeur de Robert.

i Louise est la tante d'Alain.

4 Answer these questions about Mme Mercier:

a Quel âge a-t-elle?

b Quel est son prénom?

c Quelle est la date de son anniversaire?

d Combien de cadeaux reçoit-elle?

e Est-ce que son mari s'appelle Henri?

f Combien d'enfants a-t-elle?

g Comment s'appellent sa fille et son fils?

h Quel est le nom de sa nièce?

i Combien de soeurs a-t-elle?

j Qui est Julia?

5 Fill in the spaces with the appropriate possessive adjective (*mon, son,* etc.)

a Mme Mercier aime beaucoup _____ collier de perles. Elle dit 'J'aime beaucoup _____ collier de perles.'

b Elle met _____ plante sur la fenêtre de la cuisine. Elle dit à — mari: 'Regarde _____ plante, elle est jolie, n'est-ce pas?'

c 'Elles sont belles, _____ roses,' dit Jacques Mercier à _____ femme, 'et _____ plante est belle aussi.'

d 'Tu es contente de _____ papier à lettres?' demandent les enfants à _____ mère.

e Qu'est-ce que nous offrons cette année à _____ belle-fille?' demande Louise. 'Elle apprécie toujours _____ cadeaux.'

f Christophe et Anne-Marie donnent _____ cadeau à _____ tante, puis ils jouent avec _____ cousins.

g 'Vous êtes très gentils tous les deux,' dit Mme Mercier à Christophe et Anne-Marie. '_____ cadeau est charmant.'

h 'J'ai des paquets pour vous aujourd'hui,' dit le facteur à Mme Mercier. 'C'est _____ anniversaire, ou l'anniversaire d'un de _____ enfants?'

6 Definitions. How would you define, in French, the following members of your family? For example:

Votre neveu.

Mon neveu est le fils de mon frère/ de ma soeur.

a Votre cousin.

b Votre beau-père.

c Votre tante.

d Votre nièce.

e Votre grand-mère.

7 Here is a list of the presents which Mme Mercier receives, together with eight adjectives to describe them. The form of the adjectives or their meaning will tell you which present they belong to. See if you can match them up:

Des livres ...	rouges
Du papier à lettres ...	illustrés
Une plante ...	magnifique
Un collier de perles ...	verte
Un disque ...	élégante
Un poste de radio ...	classique
Des roses ...	bleu
Une robe ...	japonais

Writing a letter
In Unit 1 you read a letter from a French girl, Anne-Marie, to her pen-friend, Alison (page 6).

Imagine that the letter was addressed to you and write a reply to it. Use the material you have already learnt to tell her something about yourself and your family and to answer her questions (*quel âge as-tu?, quelle est la date de ton anniversaire?*, etc.)

There are several ways that you can end a letter of this sort. Anne-Marie has just put *écris-moi bientôt* (write soon), but you might also put *ton ami(e)* or *bien amicalement* (best wishes).

Write 100–120 words.

Les fêtes

As in England, the daily routine is punctuated by special days and public holidays. These are called *jours de fête*. They may be *les fêtes religieuses* like Easter *(Pâques)* and All Saints' Day *(La Toussaint)*, or *les fêtes civiles* such as *La Fête Nationale*, often known as *Le 14 juillet*, and *La Fête du Travail*. The following are some of the more important ones:

Le Jour de l'An (1er janvier). Jour de congé ou 'jour férié': c'est-à-dire qu'on ne travaille pas. On reçoit des cartes qui vous souhaitent la bonne année ou la joyeuse année et on fait des cadeaux ('les étrennes'). On donne de l'argent au facteur, au concierge, etc.

Pâques. Le dimanche avant Pâques s'appelle 'Le Dimanche des Rameaux'. Le vendredi avant Pâques s'appelle 'Le Vendredi Saint'. À Pâques, on reçoit des oeufs ou des lapins en chocolat.

La Fête du Travail (1er mai). On ne travaille pas. Les syndicats *(trade unions)* organisent des défilés *(marches)*. Mais beaucoup de personnes vont à la campagne et on offre le muguet *(lily of the valley)* aux amis. C'est une fleur qui porte bonheur.

La Fête Nationale (14 juillet). Jour férié: célébration de la prise de la Bastille, le 14 juillet, 1789, commencement de la

Révolution française. On voit partout le drapeau français, 'le tricolore', et il y a un grand défilé sur les Champs-Élysées à Paris. Le soir, partout en France, il y a de la musique, on danse et il y souvent un feu d'artifice *(fireworks display)*

L'Assomption (15 août). Fête religieuse. L'Assomption de la Vierge Marie. Jour de congé.

Noël (25 décembre). La veille de Noël, on va à l'église pour la messe de minuit. Après, on fait 'le réveillon': grand repas où l'on mange toutes sortes de bonnes choses. Le père Noël met les cadeaux des enfants dans leurs souliers, laissés près de la cheminée ou, s'il n'y en a pas, près de l'arbre de Noël.

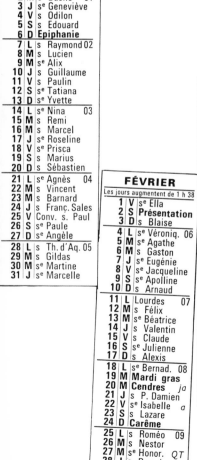

JANVIER
Les jours augmentent de 1 h 05

1	M	J. DE L'AN		
2	M	s Basile	01	
3	J	s° Geneviève		
4	V	s Odilon		
5	S	s Edouard		
6	D	**Epiphanie**		
7	L	s Raymond	02	
8	M	s Lucien		
9	M	s° Alix		
10	J	s Guillaume		
11	V	s Paulin		
12	S	s° Tatiana		
13	D	s° Yvette		
14	L	s° Nina	03	
15	M	s Remi		
16	M	s Marcel		
17	J	s° Roseline		
18	V	s° Prisca		
19	S	s Marius		
20	D	s Sébastien		
21	L	s° Agnès	04	
22	M	s Vincent		
23	M	s Barnard		
24	J	s Franç. Sales		
25	V	Conv. s. Paul		
26	S	s° Paule		
27	D	s° Angèle		
28	L	s Th. d'Aq.	05	
29	M	s Gildas		
30	M	s° Martine		
31	J	s° Marcelle		

FÉVRIER
Les jours augmentent de 1 h 38

1	V	s° Ella		
2	S	**Présentation**		
3	D	s Blaise		
4	L	s° Véroniq.	06	
5	M	s° Agathe		
6	M	s Gaston		
7	J	s° Eugénie		
8	V	s° Jacqueline		
9	S	s° Apolline		
10	D	s Arnaud		
11	L	Lourdes	07	
12	M	s Félix		
13	M	s° Béatrice		
14	J	s Valentin		
15	V	s Claude		
16	S	s° Julienne		
17	D	s Alexis		
18	L	s° Bernad.	08	
19	M	**Mardi gras**		
20	M	**Cendres**	*ja*	
21	J	s P. Damien		
22	V	s° Isabelle	*a*	
23	S	s Lazare		
24	D	**Carême**		
25	L	s Roméo	09	
26	M	s Nestor		
27	M	s° Honor.	*QT*	
28	J	s Romain		
29	V	s Auguste	*a*	

MARS
Les jours augmentent de 1 h 51

1	S	s Aubin		
2	D	s Ch. le Bon		
3	L	s Guénolé	10	
4	M	s Casimir		
5	M	s° Olive		
6	J	s° Colette		
7	V	s° Félicité	*a*	
8	S	s Jean de D.		
9	D	s° Franç. R.		
10	L	s Vivien	11	
11	M	s° Rosine		
12	M	s° Justine		
13	J	**Mi-Carême**		
14	V	s° Mathilde	*a*	
15	S	s° Louise M.		
16	D	s° Bénédicte		
17	L	s Patrice	12	
18	M	s Cyrille		
19	M	s Joseph		
20	J	s Herbert		
21	V	s° Clémence	*a*	
22	S	s° Léa		
23	D	s Victorien		
24	L	s° Cat de Su	13	
25	M	**Annonciation**		
26	M	s° Larissa		
27	J	s Habib		
28	V	s Gontran	*a*	
29	S	s° Gwladys		
30	D	**Rameaux**		
31	L	s Benjam.	14	

AVRIL
Les jours augmentent de 1 h 42

1	M	s Hugues		
2	M	s° Sandrine		
3	J	s Richard		
4	V	**Vend. Saint**	*ja*	
5	S	s° Irène		
6	D	**PAQUES**		
7	L	s J.-B. Sal.	15	
8	M	s° Julie		
9	M	s Gautier		
10	J	s Fulbert		
11	V	s Stanislas		
12	S	s Jules		
13	D	s° Ida		
14	L	s Maxime	16	
15	M	s Paterne		
16	M	s Benoît-J.L.		
17	J	s Anicet		
18	V	s Parfait		
19	S	s° Emma		
20	D	s° Odette		
21	L	s Anselme	17	
22	M	s Alexandre		
23	M	s Georges		
24	J	s Fidèle		
25	V	s Marc		
26	S	s° Alida		
27	D	**Souvenir Dép**		
28	L	s° Valérie	18	
29	M	s° Cath. de Si.		
30	M	s Robert		

MAI
Les jours augmentent de 1 h 18

1	J	**F. TRAVAIL**		
2	V	s Boris		
3	S	ss Jacq./Phil.		
4	D	s Sylvain		
5	L	s° Judith	19	
6	M	s° Prudence		
7	M	s° Gisèle		
8	J	**Victoire 1945**		
9	V	s Pacôme		
10	S	s° Solange		
11	D	**Fête J. d'Arc**		
12	L	s Achille	20	
13	M	s° Rolande		
14	M	s Matthias		
15	J	**ASCENSION**		
16	V	s Honoré		
17	S	s Pascal		
18	D	s Eric		
19	L	s Yves	21	
20	M	s Bernardin		
21	M	s Constantin		
22	J	s Emile		
23	V	s Didier		
24	S	s Donatien		
25	D	**PENTECOTE**		
26	L	s Bérenger	22	
27	M	s Augustin		
28	M	s Germain	*QT*	
29	J	s Aymar		
30	V	s Ferdinand		
31	S	**Visitation**		

JUIN
Les jours augmentent de 12 mn

1	D	**F. des Mères**		
2	L	s° Blandine	23	
3	M	s Kévin		
4	M	s° Clotilde		
5	J	s Igor		
6	V	s Norbert		
7	S	s Gilbert		
8	D	s Médard		
9	L	s° Diane	24	
10	M	s Landry		
11	M	s Barnabé		
12	J	s Guy		
13	V	s Ant. de Pa.		
14	S	s Elisée		
15	D	**F. des Pères**		
16	L	s JF Régis	25	
17	M	s Hervé		
18	M	s Léonce		
19	J	s Romuald		
20	V	s Silvère		
21	S	s Rodolphe		
22	D	s Alban		
23	L	s° Audrey	26	
24	M	s J.-Baptiste		
25	M	s Prosper		
26	J	s Anthelme		
27	V	s Fernand		
28	S	s Irénée		
29	D	ss Pierre/Paul		
30	L	s Martial	27	

JUILLET
Les jours diminuent de 1 h 01

1	M	s Thierry		
2	M	s Martinien		
3	J	s Thomas		
4	V	s Florent		
5	S	s Ant.-Marie		
6	D	s° Marietta G.		
7	L	s Raoul	28	
8	M	s Thibaut		
9	M	s° Amandine		
10	J	s Ulrich		
11	V	s Benoît		
12	S	s Olivier		
13	D	ss Henri/Joël		
14	L	**FETE NAT.**	29	
15	M	s Donald		
16	M	ND Mt Carmel		
17	J	s° Charlotte		
18	V	s Frédéric		
19	S	s Arsène		
20	D	s° Marina		
21	L	s Victor	30	
22	M	s° Marie-Mad.		
23	M	s° Brigitte		
24	J	s° Christine		
25	V	s Jac. le Maj.		
26	S	s° Anne		
27	D	s° Nathalie		
28	L	s Samson	31	
29	M	s° Marthe		
30	M	s° Juliette		
31	J	s Ignace de L.		

AOUT
Les jours diminuent de 1 h 39

1	V	s Alphonse
2	S	s Julien
3	D	se Lydie
4	L	JM Vian. 32
5	M	s Abel
6	M	**Transfigurat.**
7	J	s Gaétan
8	V	s Dominique
9	S	s Amour
10	D	s Laurent
11	L	se Claire 33
12	M	se Clarisse
13	M	s Hippolyte
14	J	s Evrard
15	V	**ASSOMPT.**
16	S	s Armel
17	D	s Hyacinthe
18	L	se Hélène 34
19	M	s Jean Eudes
20	M	s Bernard
21	J	s Christophe
22	V	s Fabrice
23	S	se Rose
24	D	s Barthélemy
25	L	s Louis 35
26	M	se Natacha
27	M	se Monique
28	J	s Augustin
29	V	se Sabine
30	S	s Fiacre
31	D	s Aristide

SEPTEMBRE
Les jours diminuent de 1 h 46

1	L	s Gilles 36
2	M	se Ingrid
3	M	se Grégoire
4	J	se Rosalie
5	V	se Raissa
6	S	s Bertrand
7	D	se Reine
8	L	**Nativ. N-D 37**
9	M	s Alain
10	M	se Inès
11	J	s Adelphe
12	V	s Apollinaire
13	S	s Aimé
14	D	**Sainte-Croix**
15	L	s Roland 38
16	M	se Edith
17	M	s Renaud QT
18	J	se Nadège
19	V	se Emilie
20	S	s Davy
21	D	s Matthieu
22	L	s Maurice 39
23	M	s Constant
24	M	se Thècle
25	J	s Hermann
26	V	ss Côme Dam.
27	S	s Vinc. de P.
28	D	s Venceslas
29	L	s Michel 40
30	M	s Jérôme

OCTOBRE
Les jours diminuent de 1 h 47

1	M	se Thérèse EJ
2	J	s Léger
3	V	s Gérard
4	S	s Franç. d'As.
5	D	se Fleur
6	L	s Bruno 41
7	M	s Serge
8	M	se Pélagie
9	J	s Denis
10	V	s Ghislain
11	S	s Firmin
12	D	s Wilfried
13	L	s Géraud 42
14	M	s Juste
15	M	se Thér. d'Av.
16	J	se Edwige
17	V	s Baudouin
18	S	s Luc
19	D	s René
20	L	se Adeline 43
21	M	se Céline
22	M	se Salomé
23	J	s Jean de Ca.
24	V	s Florentin
25	S	s Crépin
26	D	s Dimitri
27	L	se Emeline 44
28	M	s Simon
29	M	s Narcisse
30	J	se Bienvenue
31	V	s Quentin

NOVEMBRE
Les jours diminuent de 1 h 19

1	S	**TOUSSAINT**
2	D	**Défunts**
3	L	s Hubert 45
4	M	s Charles Bo.
5	M	se Sylvie
6	J	se Bertille
7	V	se Carine
8	S	s Geoffroy
9	D	s Théodore
10	L	s Léon 46
11	M	**Victoire 1918**
12	M	s Christian
13	J	s Brice
14	V	s Sidoine
15	S	s Albert
16	D	se Marguerite
17	L	se Elisabeth 47
18	M	se Aude
19	M	se Tanguy
20	J	s Edmond
21	V	**Présent. N-D**
22	S	se Cécile
23	D	s Clément
24	L	se Flora 48
25	M	s Cath. Lab.
26	M	se Delphine
27	J	s Séverin
28	V	s Jacq. de M.
29	S	s Saturnin
30	D	**Avent**

DÉCEMBRE
Les jours diminuent de 14 mn

1	L	se Florence 49
2	M	se Viviane
3	M	s Fr.-Xavier
4	J	se Barbara
5	V	s Gérald
6	S	s Nicolas
7	D	s Ambroise
8	L	**Im. Conc. 50**
9	M	s Pierre Four.
10	M	s Romaric
11	J	s Daniel
12	V	se JF de Chant.
13	S	se Lucie
14	D	se Odile
15	L	s Ninon 51
16	M	se Alice
17	M	s Judicaël QT
18	J	s Gatien
19	V	s Urbain
20	S	s Théophile
21	D	s Pierre Can.
22	L	se Fr.-Xav. 52
23	M	s Hartmann
24	M	se Adèle
25	J	**NOEL**
26	V	s Etienne
27	S	s Jean Apôt.
28	D	ss Innocents
29	L	s David 01
30	M	s Roger
31	M	s Sylvestre

As well as these *jours de fête*, French people have their own special *fête* or Saint's day. This is in addition to their real birthday — *l'anniversaire*, (although, of course, some people are named after the saint on whose day they are born). As you can see from the calendar, almost every day is a saint's day. Look for your own Christian name, and this will be your *fête*. For example: Claire — 11 August, Helen — 18 August, and so on.

1 Use the text *Les fêtes* and the calendar to answer the following questions:

a On what date do these people have their *fête*?

David	Richard
Julie	Robert
Christine	Elizabeth

b What is the date of *La Toussaint* (All Saints' Day)?

c What do we call *Le Vendredi Saint*?

d What is commemorated on 14th July in France?

e Where is the big parade in Paris on 14th July?

f Why do French postmen like New Year's Day?

g What is *le muguet* supposed to bring?

h What is commemorated in France on 11th November?

i Where do French children find their Christmas presents?

j What is the meal called which is eaten early on Christmas day, after midnight mass?

2 Match an item from the first column with one from the second to make a correct sentence. For example:

a Le drapeau français s'appelle le tricolore.

a Le drapeau français	est le 24 décembre.
b Il y a souvent un feu d'artifice	s'appelle le Dimanche des Rameaux.
c La fleur qui porte bonheur	le 1er janvier.
d La veille de Noël	s'appelle le muguet.
e La Sainte Anne	est le 1er mai.
f Le dimanche avant Pâques	s'appelle le tricolore.
g On donne les étrennes	est le 5 novembre.
h La Sainte Sylvie	est la Fête Nationale.
i La date de la Fête du Travail	le 14 juillet.
j Le 14 juillet	est le 26 juillet.

Negatives

To make a sentence negative, the basic formula is *ne* (verb) *pas*.

Les jours de fête, on *ne* travaille *pas*.
However, certain other words can be put in place of *pas* to give a different meaning:

Je *ne* me rase *jamais*	I *never* shave
Il *ne* fume *plus*	He does *not* smoke *any more*
Elle *n'*a *qu'* un frère	She has *only* one brother

Look at the list of these words given in the Reference Grammar, page 124.

Note that *jamais* (never), *personne* (nobody) and *rien* (nothing) can also be used alone and before the verb and *ne*:

Est-ce que tu portes un veston de cuir? *Jamais.*

Personne ne travaille le 14 juillet.

Look at the following questions and choose the best answer to each from the three possibilities. For example, C is the correct answer to question **a**.

a Combien de frères et de soeurs avez-vous?
  A Je n'aime pas mon frère
  B Je ne parle jamais à ma soeur
  C Je n'ai ni frères ni soeurs
b Vous parlez français?
  A Non, personne ne parle français
  B Non, je ne parle pas français
  C Non, je ne parle plus
c Que faites-vous ce soir?
  A Jamais
  B Rien
  C Personne
d Vous prenez l'autobus pour aller à l'école?
  A Je ne prends jamais l'autobus
  B Je n'ai ni autobus ni auto
  C Je n'ai qu'un autobus
e Vous vous levez à 6h?
  A Jamais!
  B Personne!
  C Rien!
f Vous entendez quelque chose?
  A Non, je n'entends personne
  B Non, je n'entends rien
  C Non, je n'entends plus
g Vous avez deux cousins?
  A Non, je n'en ai rien
  B Non, je n'aime pas mes cousins
  C Non, je n'en ai qu'un

La bonne bouche

1
a Where would you expect to see this sign?
b What is its English equivalent?

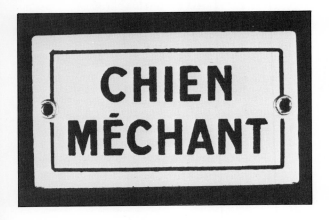

2
a Why has the dog been tied to the gate?
b What is *une laisse*?
c *Même* can mean two things. One of them is *same*, but what does it mean here?

Mots essentiels

1 La famille	the family
le cousin	cousin
la cousine	
un(e) enfant	child
la femme	wife
la fille	daughter
le fils	son
le frère	brother
la grand-mère	grandmother
le grand-père	grandfather
le mari	husband
la mère	mother
le neveu	nephew
la nièce	niece
un oncle	uncle
le père	father
la soeur	sister
la tante	aunt

2 Les repas (m)	meals
le déjeuner	lunch
le dîner	dinner
le petit déjeuner	breakfast

3 Le jour, la journée	the day
un après-midi	afternoon
le matin	morning
la matinée	
le soir	evening
la soirée	
tôt	early
tard	late

4 *un anniversaire*	birthday
l'argent (m) de poche	pocket money
le cadeau	present
la confiture	jam
le disque	record
le journal	newspaper
partir	to leave, depart
puis	then
rentrer	to return (home)
rester	to remain, stay
sortir	to go out
souvent	often

24

At home

This Unit is about houses, furniture and household jobs. When you have finished it, you will be able to discuss where you live and describe your house, what is in it, and say how you help in the home. You will practise ways of indicating where things are, and of saying that something is *in the process* of happening and is *going* to happen.

Maison à vendre

Look at the information about a house for sale, then do the exercises.

À vendre —
Jolie maison, située à la campagne à 10km de Saumur, comprenant:

Au rez-de-chaussée —
   grand salon
   salle à manger
   cuisine
   cabinet de toilette
   WC

Au premier étage —
   3 chambres, WC
   salle de bains avec
   douche

Au sous-sol — garage, cave.

Entièrement en matériaux traditionnels. Chauffage à gaz. Jardin.

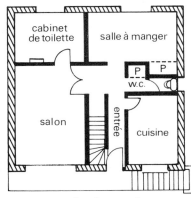

rez-de-chaussée

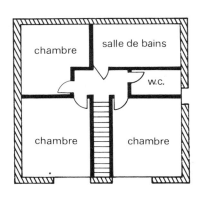

premier étage

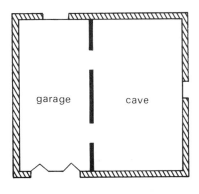

sous-sol

1 *Questions*

a Où se trouve cette maison?

b Quelles pièces se trouvent au rez-de-chaussée?

c Où se trouve la salle de bains?

d Combien de chambres y a-t-il?

e Qu'est-ce qu'il y a au sous-sol?

f Combien de pièces y a-t-il au premier étage?

g Comment monte-t-on au premier étage?

h Où se trouve la cuisine?

2 Many French families live in a flat *(un appartement)*. Like us, they often have a combined lounge – dining room. This is called *une salle de séjour* or *un living*.

Answer these questions about your own house or flat:

a Combien de pièces y a-t-il dans votre maison/appartement?

b Quelles sont ces pièces?

c À quel étage se trouve votre chambre?

d Où se trouve la cuisine?

e Avez-vous une salle de séjour ou un salon?

f Dans quelle pièce vous lavez-vous?

g Est-ce que vous avez un garage? Où se trouve-t-il?

h Préférez-vous habiter une maison ou un appartement? Pourquoi?

3 Imagine that your own house or flat is for sale. Using the model above, write an advertisement for it. List the rooms, say where they are, whether there is a garden or a garage, etc.

Prepositions

In this Unit you are learning words which indicate where things are. These are prepositions of place. Sometimes one word is enough (e.g. *dans, sur*), but sometimes you will need a phrase with *de (près de . . . à côté de . . .)*. Don't forget that if you use a phrase, *de* may become *du* or *des*. For example:

La chaise est près *du* lit.

La table est près *des* fenêtres.

The prepositions and phrases you will find most useful are:

sur	(on)
sous	(under)
dans	(in)
derrière	(behind)
devant	(in front of)
entre	(between)
chez	(at, to the house or shop of)
près de	(near)
loin de	(a long way from)
à côté de	(beside, next to)
à droite de	(to the right of)
à gauche de	(to the left of)
en face de	(opposite)
au milieu de	(in the middle of)
au centre de	(in the centre of)
au pied de	(at the foot of)
au bord de	(at the edge of)
au coin de	(at the corner of)
au-dessus de	(above, over)

La chambre de van Gogh

Read the following text and look at the picture which accompanies it. Then do the exercises.

Voici la chambre à coucher du peintre Vincent van Gogh, à Arles. À droite, il y a le lit. On voit les draps blancs, et deux oreillers. Près du lit et sous la fenêtre, il y a une chaise. L'autre chaise se trouve à gauche, près de la porte. Dans un coin, il y a une petite table. Au-dessus de la table, entre la porte et la fenêtre, il y a un miroir. Il n'y a pas de tapis sur le plancher. Derrière le lit on voit des vêtements et à côté de la porte, suspendue au mur, il y a une serviette. Sur le mur il y a aussi, naturellement, des tableaux.

1 *Questions*
a Combien de tableaux y a-t-il?
b Combien de chaises?
c Qu'est-ce qu'il y a derrière le lit?
d Qu'est-ce qu'il y a au-dessus de la table?
e Où sont les chaises?
f Est-ce qu'il y a une armoire dans cette chambre?
g Qu'est-ce que vous voyez entre la porte à gauche et la petite table?
h Où est le chapeau de van Gogh?

2 Look again at van Gogh's painting of his bedroom and listen to the eight questions, each of which is repeated. Your teacher will tell you how many times the tape will be played and when you should answer.

3 Draw a sketch plan of your bedroom and write a simple description of it, like the one above. Be prepared to talk about it.

4 Draw a sketch plan of your living room, labelling the items of furniture and showing where they are. Working in pairs, quickly draw the outline of the room on paper for your partner, indicating doors, windows and fireplace *(la cheminée)*. Then describe the room, saying what furniture there is and where it is in the room, while your partner draws it in the outline plan. When you have finished, your partner reads back the information and you check it. Then compare both drawings to see if the information has been exchanged correctly. In addition to the words you have already met, you will find others you may need in the *Mots essentiels* on page 33.

The Immediate Future

If you want to talk about things people are going to do in the future, you can use the Future tense (see Unit 5). Another, easier, way is to use *aller* + an Infinitive. For example, one can say: *je vais jouer au tennis*, just as in English we say: *I'm going to play tennis*. All you need to know, then, is the Present tense of *aller* and the right Infinitive to say what action is going to be done. For example:

je vais nager	nous allons prendre une bière
tu vas jouer au football	vous allez finir vos devoirs
il/elle va faire du ski	ils/elles vont voir leurs amis

1 What are the people shown in the pictures going to do? *Qu'est-ce qu'ils/elles vont faire?*

Valérie

Philippe

Julie et Yvonne

Jean et Roger

2 If you asked them what they were going to do, what would they say in reply?
e.g. Valérie would say: 'Je vais . . .'

3 Prepare answers to these questions about yourself:
a Qu'est-ce que vous allez faire ce soir?
b Qu'est-ce que vous allez faire demain?
c Qu'est-ce que vous allez faire ce weekend?
d Où allez-vous passer vos vacances cette année?
e Allez-vous quitter l'école à la fin de l'année?

Être en train de

In Unit 1 you practised the Present tense. Sometimes, though, you need to stress that somebody is in the middle of doing something, and in that case you would use the expression *être en train de* with the Infinitive of the verb that is being done. For example:

> Non, je ne peux pas sortir pour le moment, je *suis en train de faire* mes devoirs.

or Ne parle pas à Maman, elle *est en train de lire* son journal!

1 What are these people in the middle of doing? *Qu'est-ce qu'ils/elles sont en train de faire?*

Anne et Gérard

Marcel

Jacqueline et Jules

Antoine

2 If you asked them what they were busy doing, what would they reply?

Le ménage

The three Leblanc children, André, Marie-Claire and Simon, have decided (or have been persuaded) that they ought to help more about the house. To show them what has to be done, their parents have drawn up a list of necessary jobs which the children are going to do next week. They are:

faire les lits

faire la vaisselle

faire la lessive

faire le repassage

éplucher les légumes
(pommes de terre, carottes, etc.)

préparer les repas
(le déjeuner, le dîner)

passer (les tapis) à
l'aspirateur

polir/cirer les
meubles

laver/nettoyer la
voiture

désherber le jardin

tondre la pelouse

1 Here are the things they prefer to work with or the places they prefer to work. What *three* things are they each going to do? *Qu'est-ce qu'ils vont faire?*

a André aime les machines électriques.
   Il va . . .

b Marie-Claire aime bien travailler dans la cuisine.
   Elle va . . .

c Simon préfère travailler en plein air.
   Il va . . .

Now answer these questions for them:

d André, qu'est-ce que vous allez faire?

e Marie-Claire, où allez-vous travailler?

f Qu'est-ce que vous allez faire?

g Simon, préférez-vous travailler dans la maison, ou dehors?

h Allez-vous laver la voiture?

i Qu'est-ce que vous allez faire aussi?

j If each child makes his/her own bed, which job is left?

29

2 Here are some clues as to what they are busy doing now. Answer the questions using *Il/Elle est en train de . . .* and one of the housework expressions:

a André est dans la salle de séjour. Il fait du bruit. Il nettoie le tapis. Qu'est-ce qu'il est en train de faire?

b Marie-Claire a une pomme de terre à la main gauche et un couteau à la main droite. Qu'est-ce qu'elle est en train de faire?

c Simon a un seau d'eau et une peau de chamois. Il est devant le garage. Qu'est-ce qu'il est en train de faire?

d André met du linge dans la machine à laver. Qu'est-ce qu'il est en train de faire?

e Marie-Claire met des légumes et de la viande dans une casserole. Qu'est-ce qu'elle est en train de faire?

f Simon marche sur la pelouse. Il pousse une tondeuse à gazon. Qu'est-ce qu'il est en train de faire?

3 *Une journée de travail*
Imagine you have been given a day's housework to do. The tasks are indicated by the pictures. Write out in full what you do, beginning 'À huit heures et demie je fais les lits, puis je . . .'

À 8h 30 , puis . Après cela,

 et . Après le déjeuner

. Ensuite . S'il fait beau

ou . À 18h 00 , et après

le dîner encore une fois. Comme je

suis fatigué(e)!

4 Prepare answers for these questions:
a Aidez-vous vos parents à la maison?
b Quand? — rarement? de temps en temps? souvent? tous les jours?
c Qu'est-ce que vous faites le matin? et le soir?
d Quelles tâches préférez-vous?
e Et qu'est-ce que vous n'aimez pas faire?

Listening exercise
Maison à vendre: Vrai ou Faux?
Look again at the house plans on page 25 and listen to the tape. You will hear eight statements about the house, each of which is repeated. For each statement write down *vrai* if it is true, or *faux* if it is false.

Exclamations with *Comme . . .!* and *Que . . .!*
In Unit 1 you learnt how to describe people and things:
  Il est grand (He's tall).
  Jeanne est aimable (Jeanne is nice).
To make descriptions like these into exclamations (which you may need to liven up essays), all you do is put *Comme* or *Que* at the beginning:
  Comme il est grand! (How tall he is!)
  Que Jeanne est aimable! (How nice Jeanne is!)
(Note that the word order in French is not the same as in English.)

What exclamations are being made about these things? (Write the English as well.) For example: **a** Comme/Que ce panier est lourd! (How heavy this basket is!)

a ce panier

lourd

b cet arbre

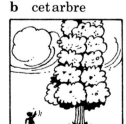

haut

30

c cette route

longue

d ces cheveux

longs

e ces pommes

délicieuses

Writing a letter
An English friend wants to arrange an exchange with a French boy or girl, but does not have a pen-friend. Write a letter to your French correspondent to see if he/she can help find someone. Give a description of your friend, and your friend's family and home. Write 100–120 words.

Le jeu des 10 erreurs

En recopiant son dessin original, notre artiste a fait dix erreurs. Pouvez-vous les trouver dans le dessin modifié?
   Exemple: Dans le dessin original le garçon a les cheveux blonds; dans le dessin modifié il a les cheveux noirs.

La bonne bouche

Le mot mystère

La règle de ce jeu est simple. Tous les mots de
la liste figurent dans la grille : horizontale-
ment (de gauche à droite ou de droite à
gauche), verticalement (de haut en bas ou de
bas en haut) ou bien obliquement (de gauche à
droite ou de droite à gauche). Les 9 lettres qui
restent, marquées en gros, sont l'anagramme
du mot mystère dont la définition est : ON Y
PREND SON BAIN. Maintenant à vous!

M	F	S	E	A	U	R	E	V	I	E	R	E
O	A	I	N	R	E	E	S	A	V	L	U	L
I	U	C	O	M	F	F	A	E	E	L	E	E
D	T	S	H	O	E	R	S	O	L	E	S	C
A	E	I	C	I	G	I	P	B	O	S	I	T
R	U	P	R	R	N	G	I	A	R	S	V	R
E	I	A	O	E	I	E	R	V	E	I	E	O
D	L	T	T	B	L	R	A	A	S	A	L	P
E	A	A	E	U	I	A	T	L	S	V	E	H
T	M	G	D	F	T	T	E	B	A	E	T	O
S	P	N	I	N	F	E	U	A	C	V	F	N
O	E	I	B	F	O	U	R	N	R	A	E	E
P	U	A	E	D	I	R	B	C	O	L	R	R

armoire
aspirateur

banc
bidet
buffet

casserole

électrophone
évier

fauteuil
fer
feu
four

lampe
lavabo
lave-vaisselle
linge
lit

machine à laver

pendule
poste de radio

réfrigérateur
rideau

seau

tapis
téléviseur
torchon

vase

> Don't mark the book! Copy out the puzzle on
> paper OR place a sheet of tracing paper over
> the puzzle and work on that OR ask your
> teacher to duplicate the puzzle for you.

Mots essentiels

1 La maison — the house

un appartement	flat
la cave	cellar
la chambre (à coucher)	bedroom
la cuisine	kitchen
un escalier	staircase
le premier (deuxième, troisième, etc.) étage	first (second, third, etc.) floor, storey
la fenêtre	window
le garage	garage
le mur	wall
la pièce	room
le plancher	floor
la porte	door
le rez-de-chaussée	ground floor
la salle à manger	dining room
la salle de bains	bathroom
le salon	lounge
le sous-sol	basement
les WC	toilet

2 Les meubles (m) — furniture

une armoire	wardrobe
la baignoire	bath
la bibliothèque	bookcase
le buffet	sideboard
le canapé	sofa
la chaise	chair
la cuisinière	cooker
la douche	shower
un électrophone	record player
un évier	sink
le fauteuil	armchair
la lampe	lamp
le lavabo	washbasin
le lave-vaisselle	dishwasher
le lit	bed
la machine à laver	washing machine
le miroir	mirror
la pendule	clock
le placard	cupboard
le réfrigérateur	fridge
le rideau	curtain
la table	table
le tableau	picture
le tapis	carpet
le téléviseur	TV set

3

un aspirateur	vacuum cleaner
une assiette	plate
la casserole	saucepan
le couteau	knife
la cuiller	spoon
le dessin	drawing
le drap	sheet
faire la lessive	to do the washing
faire la vaisselle	to do the washing-up
faire les lits	to make the beds
le fer à repasser	iron
le feu	fire
la fourchette	fork
les légumes (m)	vegetables
le linge	washing
nettoyer	to clean
un oreiller	pillow
le seau	bucket
la serviette	towel
la tâche	task, job
la tondeuse à gazon	lawnmower
le torchon	duster, tea towel
le verre	glass

Going to school

This Unit is about schools: the school day, the timetable, favourite and least favourite subjects, school reports and differences between French and English schools. You will learn how to use pronouns and to say *how long* you have been doing something.

Schools in France

French schools and their pupils' daily lives are different in many ways from what we are used to in this country. Some children begin their school lives as early as the age of two in a state nursery school *(école maternelle)*. From there they go to an *école primaire* when they are six. At the age of eleven they usually begin their secondary education in a *collège*. Afterwards they may leave school or continue their education elsewhere (e.g. at a *lycée*). French classes are numbered in the reverse order from ours, so that pupils begin in a *classe de sixième* and move up to the top class, which in a *collège* is a *classe de troisième. Lycées,* which are something like our Sixth Form Colleges, consist of various *classes de seconde* and *première.*

Ribeauvillé
Much of the material in this Unit comes from a *collège* in Ribeauvillé, a town of about 70,000 inhabitants in the *département* of Haut Rhin. This is very close to the German and Swiss borders, which means that some of the pupils' names are not what we think of as being typically French.

Un emploi du temps

On the opposite page is the timetable of an *élève de troisième* in a *collège* in Ribeauvillé. Look it over, then do the exercises:

1 *Questions*
a À quelle heure est-ce que les cours commencent le matin?
b Quels jours de la semaine est-ce qu'il n'y a pas de cours?

c À quelle heure est-ce que les cours de la matinée finissent?
d Les cours de l'après-midi, ils commencent à quelle heure?
e Combien de cours y a-t-il par jour, en général?
f Combien de cours cette élève a-t-elle le lundi?
g Quel est son premier cours le jeudi?

	Lundi	Mardi	Jeudi	Vendredi	Samedi
8	Français	Maths	Dessin	Anglais	Français
9	Français	E.-P.-S	Anglais	Maths	Allemand
10	Anglais	Latin	Allemand	Histoire	Latin
11	Histoire	Histoire	Sciences Naturelles	Allemand	Maths
14	Sciences Nat (1.3) Assistante Anglais(2.4)	Sciences Physiques	Français	Français	////
15	Maths	Sciences Physiques / Travail Manuel	E.-P.-S	Latin	////
16	Musique	Travail Manuel	E.-P.-S		////
17					

h Quel est son dernier cours le lundi?

i Combien de cours de maths a-t-elle par semaine?

j Combien de matières différentes étudie-t-elle?

2 *OUI ou NON?*

Look again at the timetable and imagine you are the French pupil to whom it belongs. You will hear eight statements, each repeated, which are either right or wrong. If you agree with a statement, answer *oui*, if not, *non*. Your teacher will tell you how many times the tape will be played and when to answer.

3 How does the French girl's timetable compare with your own? Below are a series of statements about her school week as seen on the timetable. Write similar ones describing your own situation. In most cases, maybe in all, it will be different from hers. For example:

> *l'élève française:* Elle étudie le latin.
> *et vous?* Je n'étudie pas le latin.
> *or* J'étudie le latin aussi.

a Ses cours commencent à 8 heures du matin.
Et vos cours . . . ?

b Elle a deux heures pour déjeuner.
Et vous . . . ?

c Ses cours de l'après-midi finissent à 5 heures, en général.
Et vos cours . . ?

d Elle ne va pas en classe le mercredi.
Et vous . . ?

e . . . mais elle doit aller en classe le samedi matin.
Et vous . . ?

f Elle a 31 heures de cours par semaine.
Et vous . . ?

g Elle apprend l'allemand.
Et vous . . . ?

h Elle n'étudie pas la géographie.
Et vous . . . ?

i Elle fait trois heures de EPS par semaine.
Et vous . . . ?

j Elle a cinq cours de français et trois d'anglais.
Et vous . . . ?

4 Write out your own *emploi du temps*, putting the days, times, and names of lessons in French. In addition to the subjects already mentioned, you may need *la biologie, la physique* and *la chimie* as well as *les arts ménagers* (housecraft). Be prepared to talk about your timetable in French with your teacher and oral examiner.

Le bulletin trimestriel

It is usual in French schools for pupils' progress and performance to be reported to parents at the end of each term. This termly report *(bulletin trimestriel)* contains comments by teachers in the same way that English school reports do. They also show the *note* (mark) obtained by the pupil in each of his subjects. This *note* is always out of 20, and the pupil can consider himself successful if he achieves more than 12 in each subject. If he is given many marks below this level on his final report, he may well have to repeat the year. The pupil whose report you see on this page appears to be in no danger of this, however. Discuss the report with your teacher, then do the exercises:

ETABLISSEMENT

COLLÈGE CLAUDE SYLVAIN

Notes obtenues par: **DESCHAMPS, J-P**

Classe: **301**
Effectif: **34**

2e TRIMESTRE
1er SEMESTRE 1982   1983

MATIERES ET NOMS DES PROFESSEURS	NOTE	CONDUITE	APPRECIATIONS DES PROFESSEURS	Signature
Mathématiques				
Sciences Nat.	14,5	B	Bonnes aptitudes. Attention à l'étourderie.	BV
Technologie	19½	B	Excellent!	Sg
Histoire - Géo. Instruc. Civique	15,25	B	Elève sérieuse	Moein
Latin	15	B	Toujours très bon	R
Français	0 16 9 15 R 13,5	B		
Langue I	Rk 17	B	Bon niveau	
Langue II	2,5 14	B	Travail satisfaisant. S'intéresse à la langue.	BW
Dessin	16	B	C'est très bien -	B
Travaux Manuels Educatifs	B	B	Travail satisfaisant	RE
Educ. Musicale	15	B	Bons résultats	NT
Educ. Physique	13	B	Bon travail	AP
Instruc. Religieuse			Dispensé	EL

Appréciations du Professeur Principal

Excellent trimestre

1 Complete the following statements:
a Cet élève s'appelle _____ .
b Le nom de son collège est _____ .
c L'élève est en classe de _____ .
d Il y a _____ élèves dans sa classe.
e Il étudie _____ matières différentes.
f Il apprend _____ langues étrangères . . .
g . . . mais il n'étudie pas le _____ .
h Sa meilleure note est en _____ .
i Sa plus mauvaise note est en _____ .
j Sa conduite est _____ .

2 From the report, find the French for:
a a term
b conduct
c satisfactory work
d results
e serious.

Quelle est votre matière préférée?
Quelle est la matière que vous n'aimez pas?

These questions were asked in a recent survey of pupils' likes and dislikes in a *classe de troisième*. The table shows the opinions of 20 of the class: their favourite subjects are ticked, their least favourite marked with a cross. Look at the table, then answer the questions:

Elève \ Matière	Français	Mathématiques	Allemand	Histoire	Géographie	Latin	Technologie	Biologie	Musique	Dessin	Anglais	Travaux Manuels	Ed. physique
ANTONY Sylvia	×							✓					
BARBARAS Roger									×				✓
BROCARD Yves	×	✓											
CULLI Isabelle				×						✓			
DABROWSKI Michel	×									✓			
FARNY Jacques				×								✓	
GANTER Martine		×									✓		
HANSJACOB Natalie				×									✓
HERBRECHT Franck	×												✓
HIRN Edith	✓						×						
HUARD Catherine	✓										×		
KLACK Sylvie								×			✓		
KOEHLER Jocelyne		×									✓		
MAECHLING Claire			×							✓			
MAECHLING Marie				×							✓		
PHILIPPE Isabelle				×			✓						
RUEF Annick		✓		×									
SCHAFFAR Véronique				✓					×				
SCHOTT Natalie		✓		×									
VOGEL Catherine	✓								×				

a Combien d'élèves aiment bien l'anglais?

b Combien d'élèves n'aiment pas le français?

c Combien de filles aiment les mathématique?

d Combien de garçons n'aiment pas l'histoire?

e Comment s'appelle l'élève qui aime bien la technologie?

f Comment s'appelle le garçon qui n'aime pas la musique?

g Quelle est la matière préférée de Martine Ganter?

h Quelle est la matière préférée de Franck Herbrecht?

i Quelle est la matière que la plupart *(most)* des élèves préfèrent?

j Quelle est la matière que la plupart des élèves n'aiment pas?

Relative pronouns (*qui* and *que*)

Qui and *que* (*qu'* before a vowel) refer to people or things and mean *who/whom* and *which*.

Qui is the subject of what comes next, so it is closely followed by a verb:

C'est un élève *qui* s'appelle Marc (*who* is called ...).

C'est une matière *qui* est très intéressante (*which* is ...).

Que is the object of the next verb, so it is usually followed by a noun or a pronoun:

C'est un garçon *que* je n'aime pas (*whom* I don't like).

C'est une matière *que* tout le monde déteste (*which* everybody hates).

C'est une matière *qu*'on étudie en troisième (*which* they study ...).

For practice, fill the blanks in the following sentences with *qui* or *que/qu'*, whichever is appropriate:

a L'élève _____ est en tête de la liste s'appelle Sylvia.

b La matière _____ Jocelyne Koehler préfère est l'anglais.

c C'est les mathématiques _____ elle n'aime pas.

d Sur la liste, il n'y a personne _____ préfère le latin ...

e ... mais c'est aussi une matière _____ personne ne déteste!

f Le professeur _____ Marie Maechling préfère est probablement le prof. d'anglais.

g Jacques Farny? C'est un garçon _____ aime beaucoup les travaux manuels.

'La journée d'un collégien moyen'

Pupils who live a long way from their school and so have to board there from Monday until Saturday lunchtime are called *pensionnaires*. A *demi-pensionnaire* is a pupil who goes home every day but who stays at school for lunch. Pupils who go home for lunch are called *externes*.

Les permanences are private study periods, supervised by *surveillants*, who are not teachers, but people responsible for order and discipline, often university students needing extra money to continue their own studies.

The following is an account by a French *élève de troisième* (15–16 year-old) of a typical schoolday. Read it through, then answer the questions:

S'il est demi-pensionnaire et s'il doit prendre le bus pour venir en classe, l'élève devra se lever très tôt: entre 6h 15 et 6h 45 du matin, car il faut prendre le bus qui le plus souvent part entre 7h 15 et 7h 30. Les externes pourront dormir un peu plus longtemps. À Ribeauvillé, la journée scolaire est divisée en deux: la matinée de 8h à 12h, et l'après-midi de 14h à 16 ou 17h. Les emplois du temps sont toujours inclus dans ces horaires, mais peuvent aussi être soulagés par quelques heures de permanence. Les cours durent 55 minutes et sont entrecoupés de pauses de 5 minutes. À 10h et à 16h, il y a des récréations de 15 minutes. Le dimanche, le mercredi et le samedi après-midi sont fériés, alors on ne va pas en classe.

Entre 12 et 14h, les externes rentrent chez eux déjeuner. Les demi-pensionnaires mangent au réfectoire qui fonctionne en libre service; les élèves doivent néanmoins se présenter par classes d'âges, au rythme d'une toutes les dix minutes environ. Lorsqu'ils ont fini de déjeuner, ils peuvent se promener dans la cour, s'adonner à diverses activités proposées par des clubs, aller au centre de documentation pour lire ou encore en permanence pour y faire des devoirs. Les permanences sont assurées par des surveillants qui, en outre, surveillent les élèves dans la cour et les bâtiments. À la fin des cours (16h ou 17h), les élèves rentrent chez eux comme ils sont venus.

a Beaucoup de demi-pensionnaires se lèvent à quelle heure?

b Pourquoi?

c La matinée au collège dure combien d'heures?

d Un cours dure combien de temps?

e À quelle heure est-ce que la récréation commence l'après-midi?

f Combien de temps dure-t-elle?

g Quand est-ce qu'on ne va pas en classe?

h Est-ce que les demi-pensionnaires rentrent chez eux déjeuner?

i Après le déjeuner, que peuvent-ils faire?

j Qu'est-ce qu'on fait si on est surveillant?

Direct Object pronouns

The purpose of pronouns is to shorten and simplify sentences by replacing nouns. The first ones you used in French were Subject pronouns (*je, tu, il, elle,* etc.) which tell you who is doing what:

> Philippe est dans la cuisine? — Oui, *il* prépare le dîner.
> Et Marianne, qu'est-ce qu'elle fait? — *Elle* lave la voiture.

Object pronouns are also closely connected with verbs, and in French usually go in front of them, whereas in English they come after. For example:

> Est-ce que Philippe prépare *le dîner*? — Oui, il *le* prépare.
> Est-ce que Marianne lave *la voiture*? —Oui, elle *la* lave.
> Est-ce que vous aimez *les gâteaux à la crème*? — Oui, je *les* aime.

Here is the full list of Direct Object pronouns:

me	(me)	nous	(us)
te	(you)	vous	(you)
le/la/l'	(him, her, it)	les	(them)

1 For practice, fill in the blanks with the Direct Object pronoun which makes most sense, then write the English version of the sentence underneath:
a Voici la nouvelle élève. Tu _____ connais?
b Jacqueline, tu as mes crayons? — Non, je ne _____ ai pas.
c Je travaille dur en histoire, mais je ne _____ aime pas beaucoup.
d Notre professeur d'anglais est très sympathique; il _____ amuse beaucoup avec ses histoires.
e Alors, Jean-Pierre, tu m'écoutes? — Oui, monsieur, je _____ écoute.

2 Answer these questions about yourself, using Direct Object pronouns:
a Aimez-vous les sports?
b À quelle heure quittez-vous la maison le matin?
c Prenez-vous le déjeuner à l'école?
d Où faites-vous vos exercices de français?
e Aimez-vous le français?

Interview: Life at school

This is an interview with a French schoolboy about life at school. The interviewer speaks first:

> 'Comment vous appelez-vous?'
> 'Je m'appelle Yves Brocard.'
> 'En quelle classe êtes-vous?'
> 'Je suis en troisième.'
> 'Combien d'élèves y a-t-il dans votre classe?'
> '33.'
> 'Et quelles matières étudiez-vous à l'école?'
> 'Le français, les mathématiques, l'allemand, l'anglais, l'histoire, la géographie, la technologie, la biologie, la musique, le dessin, l'éducation physique, et les travaux manuels.'
> 'Quelle est votre matière préférée?'
> 'C'est les mathématiques.'
> 'Et depuis combien de temps étudiez-vous les mathématiques?'
> 'Depuis l'âge de six ans, c'est-à-dire depuis neuf ans.'

'Et l'anglais, depuis combien de temps l'apprenez-vous?'
'Je l'apprends depuis quatre ans.'
'Quels sports pratiquez-vous à l'école?'
'La gymnastique, l'athlétisme, le volley et le basket.'
'Et vous avez des devoirs à faire le soir?'
'Bien sûr. Le travail à la maison nous prend entre une heure et une heure et demie.'
'Que pensez-vous du règlement de l'école?'
'Moi, je trouve qu'en général on ne nous fait pas assez confiance: par exemple, nous n'avons pas le droit de sortir pendant la récréation et on ne nous permet pas de fumer, c'est stupide. Mais, de toute façon le règlement est fort peu respecté.'
'Merci bien, Yves Brocard.'

Imagine that you are being asked the same questions. When you have worked out what to say (in French!), check what you have prepared with your teacher. Then, working in pairs, take it in turns to be the interviewer and the interviewee.

Depuis

In French, to say that you have been doing something for a certain time, and still are, you use *depuis* (literally *since*) with the Present tense, where in English we would use the Perfect. For example, in his interview, Yves Brocard talks about the length of time he has been learning English. He says:

Je l'apprends *depuis* quatre ans (I've been learning it *for* four years).

If you were *asking* someone how long they have been doing something, your question would start

   Depuis combien de temps . . . ?
or   Depuis quand . . . ?

For practice, prepare answers to these questions:

a Depuis combien de temps apprenez-vous le français?
b Et les mathématiques, depuis combien de temps les étudiez-vous?
c Depuis combien de temps êtes-vous à cette école?
d Depuis quand habitez-vous cette ville/ce village?
e Depuis quand connaissez-vous votre meilleure(e) *(best)* ami(e)?

Writing a letter

Write a letter to your French penfriend telling him/her about life in an English school. Mention things like uniform, school subjects, games, school meals and daily routine. Ask about his/her school in France. Write about 120 words.

La bonne bouche

Mots croisés

Horizontalement

1 Le français, la biologie, etc. sont des
_____ .
3 On les fait le soir, à la maison.
4 En général, le travail de l'élève Deschamps
est _____ bon.
8 Il y en a trois dans l'année scolaire.
9 ANTONY Sylvia est en tête de la _____
d'élèves.
10 On doit le faire à l'école.
12 Si on habite loin de l'école, on doit
_____ lever tôt.
13 En France les _____ commencent à
huit heures du matin.
14 Les profs les mettent sur les bulletins des
élèves.

Verticalement

2 En France si on a 15 ou 16 ans, on est
probablement en classe de _____
5 Les élèves s'amusent, jouent, etc. pendant
la _____ .
6 Matière qui consiste de dates, de batailles,
etc.

7 Les élèves qui prennent leur déjeuner à
l'école mangent ici.
9 L'anglais et l'allemand? Je _____
apprends depuis 3 ans.
11 En France un cours _____ une heure.

Mots essentiels

1 Le collège, l'école (f) school

apprendre	to learn
la cour	playground
le cours	lesson
les devoirs (m)	homework
durer	to last
un(e) élève	pupil
étudier	to study
la matière	school subject
la note	mark
préférer	to prefer
le/la professeur	teacher
la semaine	week
travailler	to work
le trimestre	term

2 premier (–ière) — first
deuxième
second } second
troisième — third
dernier (–ière) — last

42

What people do

This Unit is about the future: what you will do this weekend, jobs, professions and future career. You will learn more about pronouns and practise telling people *to do* and *not to do* things.

Offres d'emploi

Read through the job advertisements from a French newspaper, then answer the questions.

Galeries Lafayette

recherchent

POUR SAISON HIVER

VENDEUSES

excellente présentation
références exigées

horaires de travail:
9h30 – 18h30
4 JOURS PAR SEMAINE
DONT SAMEDI ET LUNDI

a What staff do the Galeries Lafayette (a large Paris department store) need?
b When are they needed?
c What time would they finish work?
d Would they have to work on Saturdays?

BOULANGERIE PATISSERIE
PARIS-9ᵉ cherche

VENDEUSE

repos dimanches et fêtes
Tél. 526.61.97

e What sort of place would this *vendeuse* be working in?
f What time off would she have?

POSTES STABLES
PARIS 15ᵉ

2 SECRETAIRES

PARFAITEMENT
BILINGUES ANGLAIS
25 ans minimum
POUVANT VOYAGER
A L'ETRANGER

g What are the two requirements for these secretaries' jobs?
h What may they find themselves doing?

Sté EDITION
QUARTIER LATIN
recherche

DACTYLO
EXPERIMENTEE
et STENODACTYLO
DEBUTANTE
pour remplacement 3 mois
Tél. pour r.vs 325.02.61

i A *dactylo* is a typist. What do you think a *sténodactylo* is?
j What do you think *expérimentée* and *débutante* mean?

BRITISH LEYLAND
ARLES
Rech. **MECANICIEN**
AUTO, tr. compétent, salaire
important. Ecrire av. référ.
Ets CANALI av. de
Camargue, 13200 ARLES ou
Tél. 16 (90) 96.48.69

k What is a *mécanicien*? How should people apply
l for the job?

Agence de Publicité

Mᵉ PALAIS-ROYAL

recherche

DACTYLO-STANDARDISTE

Excell. dactylo, elle aura
l'expérience du téléphone,
et sera chargée d'accueillir
les visiteurs.
Très bonne présentation
exigée.

m This *agence de publicité* is looking for a *dactylo-standardiste*. What do you think this is?
n Name two of the qualities required for the job.

JEAN-LOUIS DEFORGES
recherche

APPRENTI (IE)

coiffure dame
présent. par parents
Tél. 355.56.67

o What kind of business is this apprentice required for?

SUPERMARCHE
près PORTE D'ITALIE ch.

1 BOUCHER

Tél. 588.76.73

p In what sort of shop will this butcher be working?

SOCIETE D'EDITIONS
PARIS-10ᵉ près gares
Est et Nord, rech. à
titre temporaire :

UNE EMPLOYEE

Pour travx bur. et dactylo
jusqu'à fin juillet 80

q What do you think *travx bur* is short for? What does it mean?
r How long is the *employée* required for?

Les métiers: qu'est-ce qu'on fait?
Où travaille-t-on?

Match up the place of work (box 2) and the
work done (box 3) with the people in the first
box so as to make a complete statement about
where they work and what they do. For
example:
a Une dactylo travaille dans un bureau. Elle
tape à la machine.

1	2	3
a une dactylo	dans un hôpital	conduit un tracteur
b un mécanicien	dans un salon de coiffure	porte les bagages des voyageurs
c une infirmière	dans un magasin	distribue les lettres
d un boulanger	à la campagne	vend de la marchandise
e un garçon de café	dans une gare	soigne les malades
f une vendeuse	dans un café	tape à la machine
g une coiffeuse	dans une boulangerie	sert les consommations
h un facteur	dans un garage	soigne et coupe les cheveux
i un fermier	dans un bureau	fait le pain
j un porteur	à la Poste	répare les voitures

'Le monde du travail'

The following is an extract from a radio programme about
working people in France and their ambitions. Your teacher
will tell you whether or not to look at the written text while the
tape is being played. The interviewer speaks first:

'Que faites-vous dans la vie, Monsieur Calvi?'
'Moi, je suis mécanicien.'
'Et vous travaillez ici à Tours?'
'Oui, oui, je travaille au garage Pichard, avenue de
Grammont.'
'Depuis longtemps?'
'Oh ... depuis sept, huit ans.'
'Et le travail est agréable? Vous êtes content d'être
mécanicien?'
'En général, oui. Comme dans tous les métiers il y a des jours
où ça ne va pas du tout, quand le patron est de mauvaise
humeur, ou quand il y a des clients difficiles ... mais en
général j'aime beaucoup mon travail et mon métier.'

'Et que faites-vous au garage?'

'Je fais un peu de tout, moi. Je fais la réparation de voitures, je répare les pneus crevés et même quelquefois je sers de l'essence aux clients. Nous avons la concession Citroën, alors je passe beaucoup de mon temps avec des Citroën, mais je sais également faire la réparation d'autres marques de voitures, même des voitures étrangères.'

'De quelle heure à quelle heure travaillez-vous?'

'Mes heures normales sont de sept heures et demie jusqu' à cinq heures, mais je fais aussi des heures supplémentaires, surtout pendant l'été, quand il y a beaucoup de travail . . .'

'Alors il vous faut vous lever tôt le matin?'

'Mais oui, je me lève d'habitude à six heures et demie, ma femme me prépare le petit déjeuner et je pars pour le garage vers sept heures.'

'Monsieur Calvi, parlez-moi un peu de vos ambitions. Qu'est-ce que vous voulez faire? Comment voyez-vous votre avenir?'

'Euh . . . mon avenir? . . . je ne sais pas exactement. Je voudrais être patron de garage moi-même un jour, c'est normal. J'ai un peu d'argent, ma femme aussi — elle est secrétaire dans une compagnie d'assurances, c'est un métier assez bien payé. Et nous n'avons pas d'enfants. Alors qui sait? J'aurai peut-être un jour mon propre garage, ou peut-être une station-service . . .'

'Alors vous voulez rester mécanicien? Vous ne voulez pas changer de métier?'

'Changer? À quarante ans? Absolument pas. Non, je serai toujours mécanicien, chez un autre ou chez moi. C'est mon métier, et je ne veux pas changer . . .'

'Merci, Monsieur Calvi.'

1 Answer the following questions (the numbers in brackets indicate the number of points to look for):

a What is M Calvi's job? (1)

b Where does he work (place and town)? (3)

c How long has he been working there? (1)

d When is his job less than pleasant? (2)

e What three things does his work mainly consist of? (3)

f To what extent could Pichard's be called a specialist establishment? (1)

g What are M Calvi's normal working hours? (2)

h When does he do overtime? (1)

i What do you know about M Calvi's pre-work routine? (3)

j What do you know about his family circumstances? (4)

k What would M Calvi see himself doing in the future? (1)

l What reason does M Calvi hint at for not changing his trade? (1)

2 Note how the French say what jobs people do. When asked about this, M Calvi says 'je suis mécanicien'. A teacher would say 'je suis professeur', a doctor 'je suis médecin', and so on. What would the following say?

a butcher   a shop assistant

a typist   a secretary

a nurse

3 Using the interview with M Calvi as a guide, write similar dialogues between the interviewer and the following people. (The interviewer is continuing her research about working people and their ambitions.)

a *Nom:* Marianne Batail
Métier: vendeuse
Lieu de travail: le magasin Crozet, route de Grenoble, Lyon

Travaille chez Crozet...: depuis deux ans
Travail: vend les vêtements de femme: robes, manteaux, etc.
Heures de travail: 8h–18h
Heures supplémentaires: ne fait pas d'heures supplémentaires
Ambitions: veut être propriétaire d'un petit magasin de mode féminine.

b *Nom:* Bernard Giraux
Métier: routier
Lieu de travail: la région parisienne, pour la compagnie de transports Fernand

Travaille chez Fernand...: depuis huit ans et demi
Travail: conduit un camion Berliet
Heures de travail: irrégulières — commence le matin vers sept heures, finit généralement vers six/sept heures du soir
Heures supplémentaires: travaille quelquefois le dimanche
Ambitions: continuer à travailler pour Fernand ou posséder son propre camion

c *Nom:* Catherine Blanchet
Métier: secrétaire/dactylo

Lieu de travail: l'Agence Immobilière Salim, rue Fouchet, Poitiers

Travaille chez Sahin...: depuis quatre ans
Travail: taper des lettres, etc.
Heures de travail: 8h–17 30
Heures supplémentaires: travaille jusqu'à 18h 30 le jeudi et le vendredi
Ambitions: se marier, avoir des enfants

4 *Pair work*
One person chooses a profession from those mentioned in this Unit. The other must then try to guess what it is by asking questions about it. You are allowed up to six questions to find out.

Here are some questions which may be useful:
Est-ce que vous travaillez à la campagne?
en ville?
dans un bureau?
dans un magasin?
C'est un travail fatigant?
Vous travaillez le samedi?
Vous gagnez beaucoup d'argent?

The Future tense
In Unit 3 you learnt an easy way of talking about things that are going to happen, by using *aller* followed by an Infinitive (Il *va faire* la vaisselle). Another way of indicating future events is to use the Future tense. Its formation is based on the Infinitive of the verb, with different endings added:
je donner*ai* (je finir*ai*, je vendr*ai*)
tu donner*as* (tu finir*as*, tu vendr*as*)
il/elle donner*a* (il/elle finir*a*, il/elle vendr*a*)
nous donner*ons* (nous finir*ons*, nous vendr*ons*)
vous donner*ez* (vous finir*ez*, vous vendr*ez*)
ils/elles donner*ont* (ils/elles finir*ont*, ils/elles vendr*ont*).
(Note that the last *-e* disappears from the infinitives of *-re* verbs)

As you would expect, the commonest verbs, and the ones which you will need most often, are irregular verbs and have to be remembered seprately (the endings stay the same, though!) These are:

aller (to go)	j'irai
venir (to come)	je viendrai
être (to be)	je serai
avoir (to have)	j'aurai
faire (to make/do)	je ferai
envoyer (to send)	j'enverrai
voir (to see)	je verrai
pouvoir (to be able)	je pourrai
savoir (to know)	je saurai
vouloir (to want)	je voudrai

Note: *se lever* (to get up) takes an accent all through: *je me lèverai*, etc.

so does   *acheter* (to buy): *j'achèterai*, etc.
and   *se promener* (to go for a walk, ride): *je me promènerai*, etc.

Note also: *appeler* (to call): *j'appellerai*, etc.
and   *jeter* (to throw): *je jetterai*, etc.

1 For practice, look at this answer a French boy gives when asked what his plans are for the forthcoming weekend, and put the Infinitives into the correct form of the Future:

Qu'est-ce que vous ferez ce weekend?
'Eh bien, samedi matin je *(jouer)* au football avec mes copains. L'après-midi nous *(faire)* une promenade en vélo . . . nous *(aller)* peut-être à Chaumont. S'il fait beau, nous *(rester)* là jusqu'au soir et nous *(rentrer)* vers six heures pour dîner. A près le dîner je *(regarder)* la télévision ou *(sortir)* en ville. Ou bien je *(passer)* des disques . . . je ne sais pas encore. Dimanche nous *(se lever)* de bonne heure et nous *(partir)* en voiture pour Bercy, où nous *(déjeuner)* chez ma tante Isabelle. Nous *(revenir)* chez nous vers sept heures, nous *(prendre)* le dîner, et puis je *(finir)* mes devoirs. Je *(se coucher)* vers dix heures et demie.'

2 Now prepare answers to these questions about yourself:
a À quelle heure vous lèverez-vous demain?
b Où prendrez-vous le petit déjeuner?
c Qu'est-ce que vous mangerez?
d Qu'est-ce que vous boirez?
e Que ferez-vous avant de quitter la maison?
f Irez-vous à l'école en autobus?
g À quelle heure rentrerez-vous demain soir?
h Comment passerez-vous la soirée?
i À quelle heure vous coucherez-vous?
j Qu'est-ce que vous ferez ce weekend?

3 Looking further ahead, here is what a French girl says when she is asked what she will do when she leaves school. Put the Infinitives into the Future tense:
Qu'est-ce que vous ferez quand vous quitterez l'école?

'Je ne sais pas encore quand je *(quitter)* l'école . . . ce *(être)* probablement à la fin de l'année scolaire, mais ça *(dépendre)* des résultats des examens, bien sûr. Si tout va bien, j'*(entrer)* au collège technique et je *(suivre)* des cours de dessin, parce que je voudrais être* dessinatrice de mode . . . c'est l'idéal. Mais si je rate les examens je *(chercher)* du travail en ville . . . ou même à Paris. Je *(être)* vendeuse dans un magasin, peut-être, ou bien je *(travailler)* dans un bureau, comme ma soeur.'
*Notice how to say 'I would like to be . . .'

4 Now, using the language you have learnt in this Unit, write a few sentences saying when you will leave school, what you would like to be and the sorts of things you will do in your work.

On visite Paris

Here is an outline map of Paris. On it you will see a group of
assorted tourists and an indication of the things they will do
when they arrive in the city:

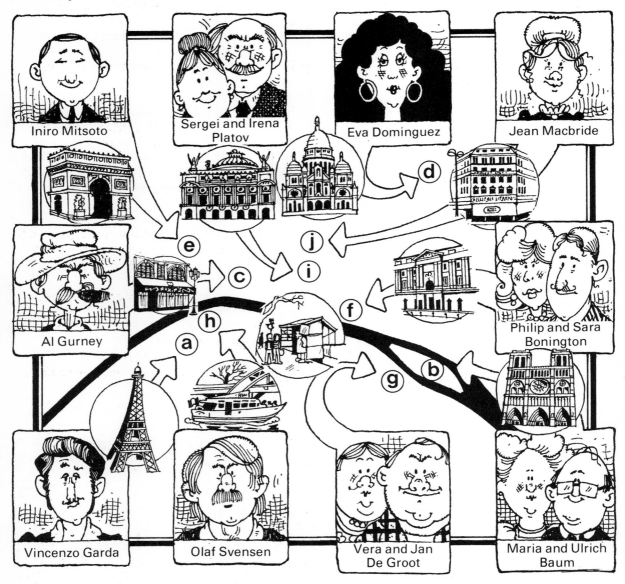

These are the things they will be doing (see
the letters on the map):
a monter à la Tour Eiffel
b visiter la cathédrale de Notre Dame
c dîner chez Maxim's
d admirer la basilique du Sacré Coeur

e prendre des photos de l'Arc de Triomphe
f voir les tableaux du Louvre
g se promener sur les quais de la Seine
h faire une promenade en bateau sur la Seine
i aller à l'Opéra
j acheter des robes aux Galeries Lafayette

1 Now say who will do what. For example:
Vincenzo Garda montera à la Tour Eiffel.
Maria et Ulrich Baum visiteront ... etc.

2 If you asked them what they will be doing, what would they answer? (You will obviously need the *je* and the *nous* parts of the Future for this.)

Indirect Object pronouns

In the last Unit you practised Direct Object pronouns (me, him, them, etc.). Indirect Object pronouns are used in the same way and mean *to* me, *to* him, *to* them, etc. They are:

me (to me)   nous (to us)
te (to you)   vous (to you)
lui (to him/to her)   leur (to them)

Examples:
Est-ce que le professeur parle *aux élèves*? — Oui, il *leur* parle.
Est-ce que M Mercier offre un collier *à sa femme*? — Oui, il *lui* offre un collier de perles.
Voilà le facteur qui arrive. Il *nous* apporte des lettres.

1 For practice, try these. Grand-père Mercier receives various things from various people. Make sentences to say who brings (sells, gives, etc.) him the things. For example:

a Le facteur lui apporte un paquet.

2 Now pretend that you are Grand-père Mercier and answer these questions:

a Qui vous apporte ce paquet-là, Monsieur Mercier?

b Qu'est-ce que le garçon de café vous sert?

c Est-ce que le boulanger vous vend des croissants?

d Qu'est-ce que le médecin vous donne quand vous êtes malade?

e Est-ce que votre petit-fils vous envoie une carte postale?

3 What would the sentences in Exercise 1 be if it was Grand-père *and* Grand-mère Mercier who were receiving the things?

4 What would the answers in Exercise 2 be if Grand-père was answering on behalf of them both?

5 Now answer these questions about yourself:

a Qu'est-ce que vous dites à votre mère (ou à votre père) quand vous quittez la maison le matin?

b Que dites-vous à quelqu'un qui vous donne un cadeau?

c Offrez-vous des cadeaux à vos amis quand c'est leur anniversaire?

d Qui vous envoie des cartes à Noël?

e Est-ce que votre professeur vous parle en ce moment?

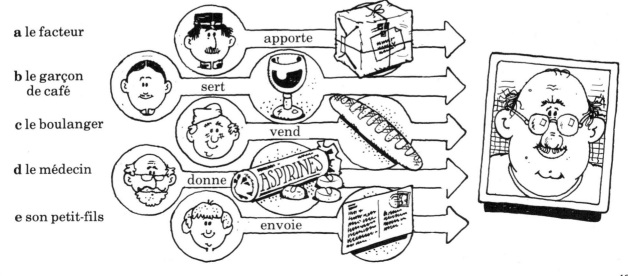

a le facteur — apporte
b le garçon de café — sert
c le boulanger — vend
d le médecin — donne
e son petit-fils — envoie

Order of Object pronouns before the verb

As you have seen, both Direct Object and Indirect Object pronouns usually go before the verb. If you have to use one of each, you will know in what order they come by learning this table:

me te nous vous	le la les	lui leur	VERB

Examples:

a Pourquoi est-ce que M Mercier offre le collier à sa femme?
Il *le lui* offre parce que c'est son anniversaire.

b Quel jour est-ce que tous les membres de sa famille offrent les cadeaux à Yvonne Mercier?
Ils *les lui* offrent le 17 novembre.

c Yvonne, pourquoi est-ce qu'on vous donne tous ces cadeaux?
On *me les* donne parce que c'est mon anniversaire.

Votre horoscope

Read through this horoscope from a French magazine and see what it says about the coming week. Then answer the questions:

BÉLIER (21 mars–20 avril)

Pas de problèmes. Tout va toujours très bien. Faites du sport. Un peu de patience en famille; grandes possibilités dans le travail. Excellente semaine.

TAUREAU (21 avril–21 mai)

Vous êtes triste? Vous avez tort, car tout vous sourit. Il n'y a plus un moment à perdre. Acceptez une invitation: vous verrez de nouveaux visages. Quelle semaine!

GÉMAUX (22 mai–21 juin)

Quelques problèmes, surtout à la fin de la semaine. Mais restez calme et tout ira bien. Vous avez besoin d'argent? Consultez un vieil ami. N'ayez pas peur: écoutez toujours votre intuition!

CANCER (22 juin–22 juillet)

Une semaine assez difficile. Soyez diplomate, ne dites pas tout ce que vous pensez. Tout se passera bien si vous restez calme. Agréable soirée avec les amis le vendredi.

LION (23 juillet–23 août)

Une semaine active. Vous avez envie de voyager? N'hésitez pas à le faire et tout finira bien. Vous saurez vous organiser et beaucoup de portes s'ouvriront devant vous.

VIERGE (24 août–23 sept.)

Une semaine excellente: tout vous sourit. Mais sachez éviter les discussions avec votre famille. Le jeudi: excellent pour le travail. Et si ce jour est celui de votre anniversaire ... vous avez vraiment de la chance!

BALANCE (24 sept.–23 oct.)

Oubliez le passé. Commencez à faire des projets pour les vacances prochaines: plus tard il sera trop tard. Prudence en matière d'argent. Travail? Succès!

SCORPION (24 oct.–22 nov.)

Montrez-vous plus affectueux et généreux. Revoyez les amis. Vers la fin de la semaine vous gagnerez beaucoup d'argent. Le week-end: reposez-vous, vous en avez besoin.

SAGITTAIRE (23 nov.–21 déc.)

La semaine n'est pas facile, mais rassurez-vous: ça ira mieux le samedi et le dimanche. Ne vous montrez pas trop difficile en famille. En effet, vos difficultés sont peut-être imaginaires?

CAPRICORNE (22 déc.-20 jan.)

Vous serez heureux de rencontrer les amis, mais attention! ne comptez pas sur les promesses. Matinée active le mardi. Soirée agréable le jeudi.

VERSEAU (21 jan.-18 fév.)

Vous serez actif mais ne soyez pas impatient. Écrivez une lettre importante. Le mercredi et le vendredi seront des jours agréables. Échanges d'idées agréables et utiles avec les amis.

POISSONS (19 fév.-20 mars)

Vous voulez voyager? Vous avez raison: ça vous fera du bien. Il ne reste plus qu'à mettre de l'ordre dans vos affaires. Assez bonne journée le mardi.

♈ ♉ ♊ ♋ ♌ ♍ ♎ ♏ ♐ ♑ ♒ ♓

1 If readers are . . .

a Bélier, what are they told to do this week?

b Taureau, what should they accept this week?

c Gémeaux, when are they likely to have problems?

d Vierge, what is Thursday an especially good day for?

e Balance, what should they be planning for this week?

f Scorpion, what is going to happen to them towards the end of the week?

g Capricorne, when are they going to have a busy morning?

h Verseau, which will be their good days this week?

Imperatives

As you have seen, horoscopes often tell you what to do and what not to do. In French, the form of the verb used for giving orders and instructions is called the Imperative.

To make it, just leave out *vous*:
 Acceptez une invitation.
 Faites du sport.

To tell someone *not* to do something, put *ne . . . pas* round the imperative:
 Ne comptez pas sur les promesses.
 N'hésitez pas à le faire.

With reflexive verbs, however, you must still include the reflexive pronoun. This goes after the imperative, joined to it with a hyphen:
 Reposez-vous, vous en avez besoin.
 Montrez-vous plus affectueux.

. . . unless it is in the negative, when it goes in front:
 Ne vous montrez pas trop difficile.

These verbs have irregular imperatives:
 avoir ... *ayez*
 être ... *soyez*
 savoir ... *sachez*

As well as the second person plural form of the imperative shown above, there are also two other forms. For information about these, see the Reference Grammar, page 124.

2 For practice, make a list of any imperatives in the horoscopes for:

a Gémeaux

b Cancer

c Balance

d Verseau

3 As well as telling you what to do, horoscopes also tell you about the future. This means that many of the verbs will be in the Future tense. Under which signs does the Future of the following verbs occur?

a voir

b gagner

c faire

d savoir

How many times and under which signs does the Future of the following verbs appear?

e aller

f être

4 Using the material in the horoscopes to help you, write a horoscope for next week for the following:
a yourself
b a friend or member of your family
c your teacher

Avoir expressions

Several important expressions using *avoir* occurred in the horoscopes. For example:

Vous êtes triste? *Vous avez tort,* car tout vous sourit.

*Vous avez besoin d'*argent?

Vous avez envie de voyager?

In many of these expressions, *avoir* is used when we should say *to be* ... in English:

Vous *avez* tort: you *are* wrong

The expressions you will need are listed in the Reference Grammar, page 124. When you have looked at them, use the *avoir* expression to complete the following sentences. For example:

Vous _____ de monter à la Tour Eiffel: de là, on a une belle vue sur Paris (avoir raison).

Vous avez raison de monter à la Tour Eiffel: de là on a une belle vue sur Paris.

a Marc _____ voir les tableaux du Louvre. (avoir envie de)

b Mme Lagrange _____; elle _____ son manteau. (avoir froid; avoir besoin de)

c Pas de problèmes? Vous _____! (avoir de la chance)

d J' _____, j' _____ un bon repas! (avoir faim; avoir besoin de)

e Après son accident, elle _____ conduire une voiture. (avoir peur de)

f Tu _____: Rome est bien la capitale de l'Italie. (avoir raison)

g Si vous _____, enlevez votre manteau! (avoir chaud)

h Ils _____ pendant les cours de mathématiques. (avoir sommeil)

La bonne bouche

This is a job advertisement from a French newspaper:
a At what time of the year do you think it appeared?
b Two requirements are mentioned. What are they?

URGENT
ch. personne sérieuse
libre mercredi samedi
pour faire
PERE NOEL
banlieue Nord. Bonne
rémunération. Tél. 820.05.03

Mots essentiels

1 Les métiers (m),   **jobs,**
**   les professions (f)**   **professions**

le boucher	butcher
le boulanger	baker
le coiffeur }	
la coiffeuse }	hairdresser
la dactylo	typist
un(e) employé(e)	clerk, employee
le facteur	postman
le fermier	farmer
une infirmière	nurse
le mécanicien	mechanic
le médecin	doctor
la secrétaire	secretary
le vendeur	salesman
la vendeuse	salesgirl

2 *acheter*	to buy
assez	enough, fairly
l'avenir (m)	future
la boucherie	butcher's shop
la boulangerie	baker's shop
le bureau	office
le camion	lorry
le/la client(e)	customer
demain	tomorrow
facile	easy
fatigant	tiring
gagner (de l'argent)	to earn (money)
un hôpital	hospital
le magasin	shop
le/la malade	sick person
le/la patron(ne)	boss
la Poste	Post office
réparer	to repair
servir	to serve
soigner	to take care of
taper à la machine	to type
trop	too, too much
vendre	to sell

Revision

Le pressing

Look at the photo of a dry cleaner's window, then do the exercises.

1
a In the upper section, *bleu de travail* means workmen's overalls. What other three items are mentioned?
b How long does the cleaning take?
c How are the cleaned items wrapped?
d In the lower section, *PRESSING* is steam-cleaning. What articles of clothing are mentioned?
e What is the grammatical difference between the clothes printed in capital letters (e.g. *VESTE*) and those printed in small letters (e.g. *Pantalon*)?

2
a What could *sa veste* mean?
b Put *son, sa* or *ses* in front of each of the remaining nine household items or clothes mentioned on the window.

3 Why would someone say *cette veste-ci* rather than simply *cette veste*?

4 How could you say in French:
a These sheets are white.
b That dress is green.
c That coat is brown.
d That raincoat is black.
e Those trousers are grey.

Définitions
1 You could define a baker in French like this:
   Un boulanger est un homme qui fait le pain.
   Write similar definitions for these people:
a une dactylo
b un boucher
c un facteur
d une infirmière
e un électricien

2 Who is being talked about here? Listen to the tape and write down (in English) the professions of the eight people described. Your teacher will tell you how many times the tape will be played and when to answer.

La journée de Marcel (Unit 2, page 13)
Rewrite the passage, starting with *Demain (tomorrow)* instead of *Tous les jours (every day)* and putting the verbs into the Future tense.

Au salon

Look at the picture of a French sitting-room,
then listen to the 10 questions, each of which
is repeated. Your teacher will tell you when to
answer.

Signs

Here are some signs which you might see in France:

(a) POUSSEZ

TIREZ

(c) ROULEZ AVEC PRUDENCE

(e) ALLEZ FRANCE

(d) PIÉTONS ATTENDEZ

(b) NE MARCHEZ PAS SUR L'HERBE

(f) Ne parlez pas au chauffeur

(h) ACHETEZ VOS BILLETS ICI

(g) BUVEZ DUBONNET

a What does each sign mean?

b How would (b) be different if a mother were saying it to a child?

c How would you change (c) to make it mean *Let's...*?

d What would you say in French if you had to give these commands or make these suggestions?

Come in!   Let's get dinner ready.
Close the door!   Let's wash the car.
Open the window!

School holidays

Look at the newspaper cutting, then answer the questions:

1

a Quelle est la date du commencement des vacances d'été?

b Les élèves, combien de semaines de vacances auront-ils en été?

c Quand est-ce que les vacances finiront à Noël?

d Combien de jours de vacances auront-ils au mois de février?

e Quand est-ce que les vacances commenceront au printemps?

f Quand est-ce que leurs vacances finiront à la Pentecôte?

2 How do French school holidays compare with your own? For example:

En été, leurs vacances commencent le 4 juillet: mes vacances commencent le 18 juillet.

Make up three other statements: these can be about either differences or similarities.

Avoir expressions

Questions

a Qu'est-ce que vous aimez boire quand vous avez soif?

b Avez-vous chaud en été?

c Et en hiver . . . ?

d Que faites-vous quand vous avez froid?

e Avez-vous envie d'être sténodactylo? mécanicien?

f Avez-vous envie d'être riche?

g De quoi avez-vous peur?

h Est-ce que votre père a toujours raison?

i Aurez-vous faim à midi?

j À quelle heure ce soir aurez-vous sommeil?

EDUCATION
VACANCES SCOLAIRES
L'année prochaine

Été: du vendredi 4 juillet au jeudi 18 septembre.

Toussaint: du mercredi 29 octobre au lundi 3 novembre.

Novembre: du lundi 10 novembre au jeudi 13 novembre.

Noël: du jeudi 18 décembre au lundi 5 janvier.

Février: du samedi 7 au lundi 16 février.

Printemps: du samedi 28 mars au lundi 13 avril.

Mai: du jeudi 30 avril au lundi 4 mai.

Pentecôte: du lundi 26 mai au lundi 1er juin.

Cadeaux de Noël

Pour Noël, Marie-Claude va offrir ces cadeaux
à sa famille:

1 Answer the questions, using a Direct Object
pronoun. For example:
  Est-ce qu'elle donne le sac à sa mère?
  Oui, elle le donne à sa mère.
  Est-ce qu'elle donne les disques à son père?
  Non, elle ne les donne pas à son père.

  Est-ce qu'elle donne . . .
a les fleurs à sa grand-mère?

b le pull à ses cousins?

c la cravate à son père?

d les disques à ses cousins?

e le sac à sa grand-mère?

f la cravate à son frère?

g les fleurs à sa mère?

h le pull à son frère?

2 Answer the same questions, this time using
an Indirect Object pronoun. For example:
  Est-ce qu'elle donne le sac à sa mère?
  Oui, elle lui donne le sac.

  Est-ce qu'elle donne les disques à son père?
  Non, elle ne lui donne pas les disques.

3 Answer the same questions again, using
both a Direct and an Indirect Object
pronoun. (See Unit 5, page 50.) For example:
  Est-ce qu'elle donne le sac à sa mère?
  Oui, elle le lui donne.

  Est-ce qu'elle donne les disques à son père?
  Non, elle ne les lui donne pas.

son père

sa mère

sa grand-mère

son frère

ses cousins

58

Météo

Look at the weather map and forecast, then do the exercises:

BEAU APRÈS BRUMES MATINALES.

En France aujourd'hui:

Région parisienne — Le matin il fera froid avec des brouillards assez denses. Ensoleillé dans la journée. Vent variable faible du sud-ouest.

Ailleurs — Le matin, le temps sera nuageux avec des pluies des Pyrénées centrales aux Alpes du sud et à la Provence. Cette zone pluvieuse s'éloignera ensuite vers l'Italie. Dans la journée, le ciel s'éclaircira et le soleil brillera sur tout le pays.

Demain — Temps plus froid dans le nord et dans l'est. Le matin, il pleuvra de la région parisienne à la Bretagne. Quelques chutes de neige dans les Alpes. Les vents seront modérés de nord près de la Méditerranée avec des orages isolés dans le Midi. Sur les côtes de la Manche et de l'Atlantique les vents d'ouest seront forts. Le soir, il pleuvra sur toute la moitié ouest du pays.

1 *Questions*
a From the main headline, what two things do you learn about today's weather in France?
b How will the weather start in the Paris region?
c What will happen to the weather later in the day in the rest of France?
d What will the weather be like tomorrow morning in Brittany?
e What weather is forecast for tomorrow in the Alps?

2 Using an item from each of the first three columns and, where necessary, one from the fourth, make up sentences about the weather. For example:
Ce matin, dans la région parisienne, il fera froid.

1	2	3	4
Ce matin	dans la région parisienne	faire	froid
Ce soir	dans les Alpes	pleuvoir	
	dans le nord		beau
Demain	en Bretagne	neiger	

3 Make up a simple weather forecast for Britain for tomorrow. The forecast in the newspaper, on radio or TV will tell you what is supposed to happen, and you can model your *météo* on the material already studied in this Unit.

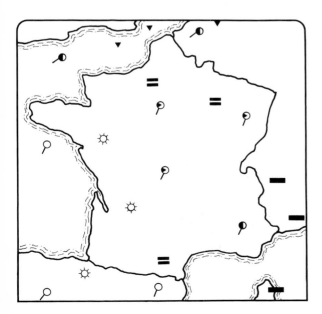

TEMPS EN FRANCE AUJOURD'HUI A 13 HEURES

☼ SOLEIL   ▬ PLUIES   ✻ NEIGE

◑ PEU NUAGEUX   ▼ AVERSES   **Z** ORAGES

◖ VARIABLE   ▬ BRUME

● COUVERT

VENTS
FAIBLES   MODÉRÉS   FORTS   TEMPÊTE

Towns

In this Unit you will learn how to say more about where you live and to find out about where others live and work. There will be practice in asking the way, understanding directions and French signs telling you what *not* to do, and in comparing things. A start is made on learning how to talk about past events and on how to write essays.

Où habitent-ils?

The four people whose descriptions are given alongside the map live in and around the town of Saumur on the river Loire. When you have read about them and studied the map, do the exercises.

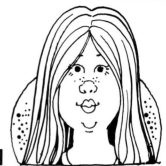

1

Mlle Clouzot est secrétaire à l'Hôtel de Ville de Saumur. Elle habite en ville. La ville de Saumur est située sur la Loire, à l'ouest de Fontevraud-l'Abbaye et au nord de Montreuil-Bellay.

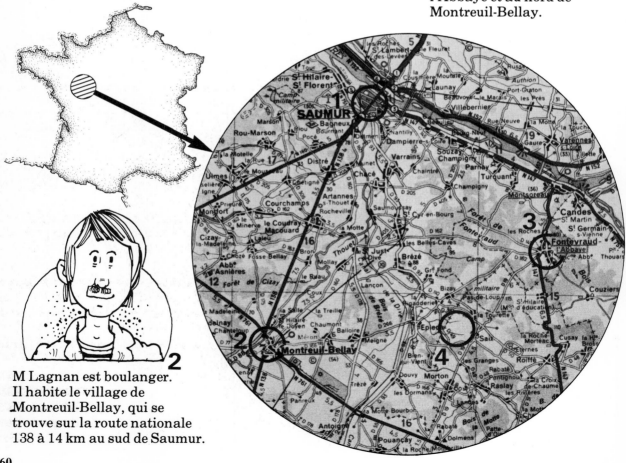

2

M Lagnan est boulanger. Il habite le village de Montreuil-Bellay, qui se trouve sur la route nationale 138 à 14 km au sud de Saumur.

French roads

Just like us, the French have different classes of roads. You will see on the map that the large roads are marked N (e.g. N 138, N 147, N 761). These are *routes nationales,* equivalent to British A roads. The smaller roads are marked D (*route départementale*) and are like our B roads.

One major road, the *autoroute* (motorway), is not shown on this map.

1 *Questions*
a Où se trouve Saumur?
b Qui habite en ville?
c Que fait Mlle Clouzot?
d Où travaille-t-elle?
e À quelle distance de Saumur se trouve Fontevraud-l'Abbaye?
f Sur quelle route se trouve Fontevraud?
g À quelle distance de Fontevraud se trouve Saix?
h Qui habite à la campagne?
i Est-ce que Montreuil-Bellay est situé au nord de Saumur?
j Qui habite un village?
k Que fait M Lagnan?
l Quelle ville est située sur la Loire?

2 Pair work
Using the map and information on page 60 to help you, make up three more questions like those in Exercise 1. Then, working in pairs, ask your neighbour the questions you have devised.

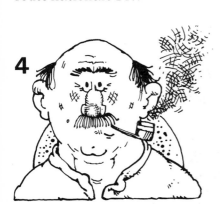

3
Mme Michaud habite Fontevraud-l'Abbaye. Elle est guide à l'abbaye. C'est à l'abbaye qu'on trouve le tombeau de Richard Coeur de Lion, roi d'Angleterre. Fontevraud est à 14 km de Saumur, sur la route nationale 147.

4
M Lamont est fermier. Sa ferme se trouve à la campagne près de Saix, qui est à 6 km au sud de Fontevraud, et à l'est de Montreuil-Bellay.

ABBAYE DE FONTEVRAUD

PREMIER JOUR D'ÉMISSION
FIRST DAY COVER

Deux villes françaises

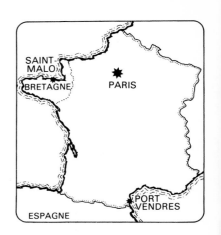

On the sketch map you will see the location of two French coastal towns, together with simple questions asking about the main features of these towns. Read the questions and the answers to them, then do the exercises:

A   Où se trouve la ville?

St-M   Saint-Malo se trouve en Bretagne, sur la Côte d'Émeraude, à 370 km de Paris.

P-V   Port-Vendres se trouve au sud de la France, sur la Côte Vermeille. La frontière espagnole est à 9 km. Paris est à 939 km.

B   C'est une grande ville?

St-M   Oui, elle est assez grande. Elle a 46,000 habitants.

P-V   Non, elle n'est pas très grande. Elle a seulement 5,000 habitants.

C   C'est quelle sorte de ville?

St-M   C'est une ville historique et un centre touristique. C'est un centre commercial et un port de pêche.

P-V   C'est un petit port de pêche, très fréquenté par les touristes.

D   Est-ce qu'il y a des industries?

St-M   Oui, il y a des industries à Saint-Malo. Il y a par exemple des usines de vêtements et de matériel électronique. Et Saint-Malo est un port important: on fait des importations de charbon, de pétrole, de vins, etc. et des exportations de produits agricoles.

P-V   Non, il n'y en a pas beaucoup. On fait des importations de vins, de légumes et de bois, et on rapporte du poisson tous les jours, car c'est un port de pêche.

E   Que peut-on faire pour s'amuser?

St-M   On peut se baigner, dans la mer ou à la piscine (il y en a plusieurs à Saint-Malo). On peut jouer au tennis, faire du canotage, jouer au golf miniature, etc. Le soir on peut aller au cinéma, au théâtre ou aux clubs de jeunes. Il y a aussi des night-clubs et des cabarets. On peut faire des promenades en bateau ou à pied, dans la ville ancienne.

P-V Il y a de très belles plages près de la ville,
et on peut aussi faire de la plongée sous-marine.
On peut faire des promenades en mer, jouer au tennis,
faire du canotage et visiter des night-clubs. Il y a
beaucoup à faire, surtout en été.

F Quels sont les monuments principaux?

St-M Il y en a beaucoup. La ville ancienne, avec ses
remparts, son château et sa cathédrale, est un
véritable monument.

P-V Il n'y a pas beaucoup de monuments célèbres à Port-
Vendres. Le Fort du Fanal, qui se trouve à l'entrée
du port, l'église, qui date de 1888 et l'Obélisque, haut
de 25 mètres, qui se trouve dans le vieux port, sont
très intéressants.

1 *Questions*
a What similarity is there in the location of
the two towns? (see **A**)
b How do they differ in size? (see **B**)
c What two things do they have in common
regarding the sort of town they are? (see **C**)
d What similarities are there in the towns'
industries? (see **D**)
e What four activities mentioned in
connection with Saint-Malo also figure in
the list of what Port-Vendres has to offer the
visitor? (see **E**)
f What ought the tourist to visit in Saint-
Malo? (see **F**)
g What does Port-Vendres have in the way of
buildings of historic interest? (see **F**)

2 What words or expressions in the descriptions of the towns are equivalent to these
English words?

in the south of	for (= because)
quite/fairly	several
only	to play tennis
a fishing port	also
for example	to go for an outing/
some factories	walk/ride
fish	especially
	in the evening

Comparisons
In Unit 1, you used *plus . . . que* to say that
someone is taller than someone else (Jeanne
d'Arc est *plus* grande *que* Napoléon). You may
also need two more ways of making
comparisons: *moins . . . que* (to say, for
example, that someone is *not as* tall – literally
less tall – *as* someone else) and *aussi . . . que*
(to say, for example, that someone is *as* tall *as*
someone else).

1 Using one of these ways of making
comparisons,
plus . . . que, moins . . . que, aussi . . . que,
complete the following sentences about the
two towns so as to make a correct
comparison:
a Saint-Malo est _____ près de Paris _____
Port-Vendres.
b Port-Vendres est _____ grand _____ Saint-
Malo.
c Saint-Malo a _____ d'habitants _____ Port-
Vendres.
d Saint-Malo est _____ fréquenté par les
touristes _____ Port-Vendres.
e Port-Vendres est _____ industriel _____
Saint-Malo.
f Il fait probablement _____ chaud à Saint-
Malo _____ à Port-Vendres.
g Il y a _____ de monuments à Saint-Malo
_____ à Port-Vendres.

63

2 For further practice, compare these pairs, using the adjective in brackets (you may need to make it agree!):

a La Tour Eiffel/l'Arc de Triomphe — (haut)
b La France/l'Angleterre — (grand)
c Paris/Londres — (grand)
d L'océan Atlantique/la mer Méditerranée — (large)
e Les avions/les trains — (rapide)
f Le rugby/le football — (intéressant)
g Un kilo de pommes/un kilo de poires — (lourd)
h L'histoire/la géographie — (difficile)
i Le champagne à 40F/le cognac à 40F — (cher)
j Les vaches/les lions — (féroce)

To say *better than* . . . you use *meilleur que* . . . . *Meilleur* is an ordinary adjective and has to agree in the normal way. For example:

> Les éclairs de notre pâtissier sont *meilleurs que* ses tartes aux pommes.

Now compare these, using *meilleur* (even though you may not agree!)

k Le vin français/le vin italien — (meilleur)
l La limonade/la bière — (meilleur)
m Les vélos/les motos — (meilleur)

Jacques Cartier

This statue of the famous French navigator, Jacques Cartier, stands in a Paris park. Look at the inscription in the picture, then answer the questions:

a What is the connection between Saint-Malo and Canada?
b Who do you think François 1er was?
c What else do you know about France's connection with Canada?

LE 24 JUILLET 1534
JACQUES CARTIER
DE SAINT MALO
ABORDE LA TERRE DU CANADA
ET PREND POSSESSION
DE LA NOUVELLE FRANCE
AU NOM DE FRANÇOIS 1ER

Ma ville — mon village

Using what you have learnt in the Unit so far, write something about your own town or village which would give a French visitor some idea of where it is and what it is like. Start like this:

J'habite _____ , une ville/un village qui se trouve . . .

Go on to say:

a in what part of the country it is (north, south, etc.);

b how far it is from nearby towns or cities;

c how big it is;

d what there is to see and do there;

e anything else a visitor ought to know.

The Perfect tense

The tense most commonly used in French to indicate actions which have taken place and are finished is the Perfect (or *Passé composé*). Normally it consists of the Present of *avoir* (*j'ai, tu as, il a, nous avons, vous avez, ils ont*) and the past participle of the verb which indicates what the action was. The past participle of -ER verbs is easy: it ends in *é*. So you might say:

J'ai dansé toute la soirée,

Marie *a chanté,* mais Pauline et Alain *ont regardé* la
télévision.

1 For practice try these. Here is a list of things Julie did last year while visiting Saint-Malo. Put the Infinitive into the Perfect tense, so as to answer the question *What did she do?* Write the English version under each answer:

Qu'est-ce qu'elle a fait?

e.g. **a** nager dans la mer
Elle a nagé dans la mer.
She swam in the sea.

a nager dans la mer

b jouer au tennis

c visiter la ville ancienne

d regarder les bateaux dans le port

e causer avec les pêcheurs

f admirer la cathédrale

g marcher sur les remparts

h passer des journées sur la plage

i rencontrer des jeunes au club

2 What would *Julie* say if you asked her what she did?

Qu'est-ce que tu as fait?

e.g. **a** nager dans la mer
J'ai nagé dans la mer.

Now do the same with the rest of the sentences in Exercise 1.

Composition: Une journée à York

Look at the framework of a simple story, with pictures and phrases to help you. After you have prepared it orally with your teacher, write the story in the Perfect tense, using the outline suggested. You will also need to read through the notes on **Essay-writing technique** which come after this exercise and incorporate some of the phrases you learn into your composition.

L'année dernière Philip Robinson, qui habite Bradford, une grande ville industrielle qui se trouve au nord de l'Angleterre, a invité son correspondant français, Pierre Laroche, à passer une journée à York. Cette ville historique, avec ses remparts et sa cathédrale, se trouve à 50 km de Bradford. Qu'est-ce qu'ils ont fait à York? Comment ont-ils passé leur journée?

a En arrivant à la gare de York . . .
donner leurs billets au contrôleur;
quitter la gare;
marcher vers le centre de la ville;

b *traverser* la rivière (l'Ouse);
visiter la cathédrale;
(Pierre) *admirer* l'architecture;

c *trouver* un endroit tranquille près de la
rivière;
manger leurs sandwiches;
regarder les bateaux;
(Philip) *jeter* du pain aux
cygnes et aux canards;

d *visiter* le musée;
décider d'acheter des cartes postales;
acheter aussi des crayons souvenirs;
regagner la gare pour prendre le train de
Bradford.

Essay-writing technique (1)

Most of the compositions you will have to write in French will be about events in the past, so you will use the Perfect tense to say what happened. You will also need to link the events together to form a sequence, and phrases of time are useful here:

First, say when the events in your story took place, for example:

l'année dernière, en juillet ...	(last year, in July ...)
la semaine dernière...	(last week ...)
un jour, il y a quelques semaines ...	(one day, a few weeks ago ...)
hier matin/après-midi/soir ...	(yesterday morning/afternoon/evening
l'été dernier, pendant les vacances ...	(last summer, during the holidays. . .)
pendant les vacances de Pâques/de Noël ...	(during the Easter/Christmas holidays ...)

You can, of course, combine or vary the phrases above, but most examiners are thoroughly sick of the phrase *par un beau jour d'été* so avoid it if you can!.

Then, to keep the story moving, use simple linking expressions like these:

puis ...	(then)
ensuite ...	(next)
au bout de deux heures ...	(two hours later)
quelques minutes plus tard ...	(a few minutes later)
le soir ...	(in the evening)
à la fin de l'après-midi/de la matinée...	(at the end of the afternoon/morning)
à sept heures et demie du soir ...	(at 7.30 in the evening)
après leur repas/leur promenade ...	(after their meal/their outing).

Later on in the book we shall be looking at a variety of other techniques you can use to build up your compositions to make them more interesting, but for now learn and practise the expressions you have just seen.

Verbs followed by Infinitives

In your composition *Une journée à York*, you made a sentence using *décider de* followed by an Infinitive:

Ils ont décidé d'acheter une carte postale.
(They decided to buy ...)

Other verbs, such as *commencer,* take *à* before an Infinitive, so in French *It began to rain* would be *Il a commencé à pleuvoir.* Some verbs, though, need neither *de* nor *à* when followed by an Infinitive: you have used some, such as *aller*, in earlier Units (e.g. *Il va faire la vaisselle*).

In the Reference Grammar, page 124, you will find the commonest verbs which take *de, à* or nothing. Learn them and try to include some in the essays you write from now on.

La ville

To help you practise understanding and giving directions,
here is a simplified plan of a French town showing some of the
main streets and buildings. Before you start the exercises you
will find it helpful to look again at prepositions (Unit 3, p. 26).

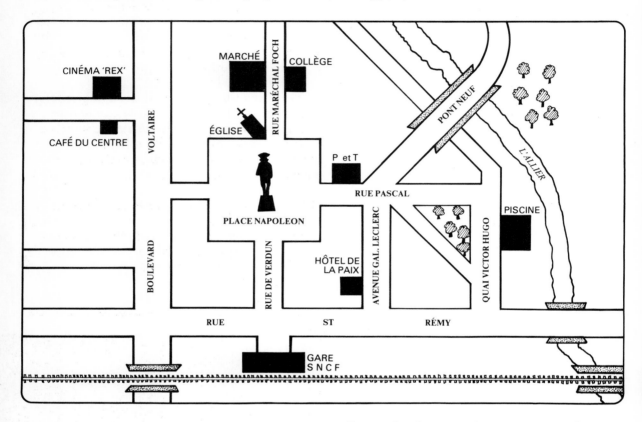

1

a Où se trouve le Café du Centre?
b Où se trouve l'église?
c Où se trouve le marché?
d Où se trouve la piscine?
e Où se trouve la statue?

2

a Je suis devant la gare. Je traverse la rue St
Rémy et je prends la rue de Verdun. Je
traverse la Place Napoléon et je continue le
long de la rue Maréchal Foch. Qu'est-ce qu'il
y a à droite?
b Je sors de la gare. Je prends la première rue
à droite, puis la première à gauche. Quel
bâtiment se trouve à gauche?

c Je sors du cinéma et je tourne à gauche.
Quand j'arrive au Boulevard Voltaire, je
tourne à droite. Je prends la deuxième rue à
gauche et puis la première à droite. Où suis-
je?

3

a Un touriste veut aller à pied de l'Hôtel de la
Paix à la Poste (P et T).
Qu'est-ce qu'il doit faire?
b Je suis à la gare et je veux aller au cinéma.
Qu'est-ce que je dois faire?
c Les habitants de cette ville, comment
peuvent-ils passer leur temps libre?

Rôle-playing exercises

Imagine you have just arrived by car in the town shown on the plan and want to find your way to the Hôtel de la Paix. At the Pont Neuf you stop and ask a passer-by for directions. This is how the conversation might go:

Vous: Pardon, monsieur/madame. Pour aller à l'Hôtel de la Paix, s'il vous plaît?

Passant: L'Hôtel de la Paix? Eh bien, continuez tout droit, traversez la rue Pascal et prenez l'avenue Général Leclerc.

Vous: C'est loin?

Passant: Non, c'est à 500 mètres.

Vous: L'hôtel est à droite ou à gauche?

Passant: C'est à droite.

Vous: Merci, monsieur/madame.

For practice, try these. In each case you should:

supply the questions as indicated;
prepare possible answers the passer-by might give;
check what you have prepared with your teacher;
practise the conversations, working in pairs.

1 You are at the *station* and want to go to the *swimming bath*:
a ask the passer-by the way to the swimming bath;
b ask if it's far;
c ask if it's on the left or right of the street;
d thank him/her.

2 You are at the *station* and want to go to the *post office*:
a ask the passer-by the way to the post office;
b ask if it's far from the Place Napoléon;
c ask if it's on the left or right of the street;
d thank him/her.

3 You are at the *Hôtel de la Paix* and want to go to the *Market*:
a ask the passer-by the way to the market;
b ask if it's near the school;
c ask if it's near the church;
d thank him/her.

Dans la rue

Look at the photo, then do the exercises:

1 *Questions*
a Où se passe cette scène?
b Quel temps fait-il?
c Quel est le métier de l'homme en uniforme?
d Décrivez l'homme à gauche qui traverse la rue.
e Qu'est-ce qu'il porte à la main?

2 What do you think the man on the right is asking the policeman? Write an imaginary conversation between them.

La ville

1 *OUI ou NON?*

Look again at the town plan on page 68. You will hear six statements, each read twice, about where various places are. If they are right, answer *oui*, if wrong, *non*.

2 *Questions*

Look at the town plan and listen to the five questions asking where certain places are. Your teacher will tell you when to answer.

3 *Qu'est-ce qu'il y a?*

You will hear three sets of directions. Follow them on the town plan, then answer the questions.

Automobilistes attention!

Listen to the taped announcements about three temporary road closures in Paris. Your teacher will tell you when to answer the questions.

a In which month will the closures take place?

b On what date will the rue Bonaparte close?

c At what time will part of the avenue d'Italie close?

d When will it reopen?

e On which day of the week will part of the boulevard Mortier close?

f When will it reopen?

General questions

a Où habitez-vous?

b Où se trouve la ville/le village où vous habitez?

c Combien d'habitants y a-t-il?

d C'est quelle sorte de ville/de village?

e Quels sont les bâtiments/les monuments principaux?

f Décrivez le centre de la ville/du village.

g Que peut-on faire pour s'amuser dans votre ville/votre village?

h Où se trouve votre école?

i À quelle distance de l'école se trouve votre maison?

j Préférez-vous vivre en ville ou à la campagne? Pourquoi?

b

INTERDIT
TOUS LES JOURS
de 10ʰ à 12ʰ 30 et de 17ʰ à 19ʰ 30
excepté le dimanche apres midi
et le lundi

SAUF AUX RIVERAINS

a

La bonne bouche

Don't do it!

Just as in this country, you would not go very far in France before you saw signs telling you not to do certain things. Some signs, especially those to do with motoring, are international (No Entry, No Overtaking, etc.), but some have words attached to them to make their meaning absolutely clear. The most common words indicating that something is forbidden are:

... INTERDIT and DÉFENSE DE ...

Sometimes, though, you might see a longer instruction:

IL EST INTERDIT DE ... (It is forbidden to ...), or
IL EST DÉFENDU DE ... (It is forbidden to ...).

If you are being *requested* not to do something, rather than *told* not to do it, you would see

PRIÈRE DE NE PAS ... (Please do not ...).

c

e

DÉFENSE DE DÉPOSER
DES ORDURES

f

Look at the photos of the signs, then do the
exercises:

1 Questions

a When can you *not* go down this street?
When *can* you go down it?
Who do you think is allowed access at any
time?

b What are you being told not to do here?
What do you think *une loi* is?

c Here you are being told not to do the same
as in (b); note the alternative wording of the
sign.
What English word corresponds to
campagne on this sign?

d What must you not do here? Why?

e What is the difference between this
sign and (d)? What do you think this
sign is attached to?

f A rather less common sign, this.
What do you think it means?

2 What are the English equivalents of these signs and instructions?

a Entrée Interdite
b Pique-nique et camping interdits
c Les chiens en liberté sont interdits
d Défense de marcher sur l'herbe
e Défense de parler au chauffeur

Mots essentiels

1 le nord — north
le sud — south
l'est (m) — east
l'ouest (m) — west

2 le bateau — boat
le bâtiment — building
(à) la campagne — (in) the country
la carte postale — postcard
le château — castle
le chemin de fer — railway
à droite — on, to the right
une église — church
un endroit — place
la gare — station
à gauche — on, to the left
habiter — to live in
hier — yesterday
industriel(le) — industrial
le marché — market
la mer — sea
le monument — important building

le musée — museum
passer (une journée) — to spend (a day)
se passer — to happen
la piscine — swimming bath
la place — square
le pont — bridge
le port (de pêche) — (fishing) port
rencontrer — to meet
la rivière — river
la route — road
la rue — street
tout droit — straight on
traverser — to cross
se trouver — to be
une usine — factory
le village — village
la ville — town

Travel and transport (1)

This Unit is about means of transport. You will be considering the advantages and disadvantages of different forms of travel and will practise asking for information, buying a ticket, etc. When you have finished it, you will also be able to say that something is *the biggest*, or *the best* and that something has *just* happened.

Pour aller en Angleterre

Marcelle Lagrange est étudiante. Elle habite Paris et veut aller à Londres pour visiter un peu la ville et perfectionner son anglais. Comment peut-elle aller en Angleterre? Comment peut-elle traverser la Manche? Elle consulte un agent de voyages qui propose les possibilités suivantes:

Prendre la voiture
Les car-ferries Sealink vous emmènent de Boulogne et Calais à Douvres et Folkestone ... les aéroglisseurs Seaspeed traversent la Manche de Boulogne et Calais à Douvres.

Prendre le train
Vous pouvez choisir entre deux itinéraires principaux: Paris (Gare Saint-Lazare) – Dieppe – Newhaven – Londres (Victoria) ou Paris (Gare du Nord) – Boulogne/ Calais – Douvres – Londres (Victoria).

Prendre le car
Hoverlloyd vous offre un voyage qui n'est pas cher. Vous allez en car de Paris à Calais, d'où vous partez en aéroglisseur pour Ramsgate. Le reste du voyage s'effectue en car.

Prendre l'avion
Les vols d'Air France et de British Airways sont rapides et fréquents. On prend l'avion à l'aéroport de Roissy ou à Orly et on arrive à Heathrow.

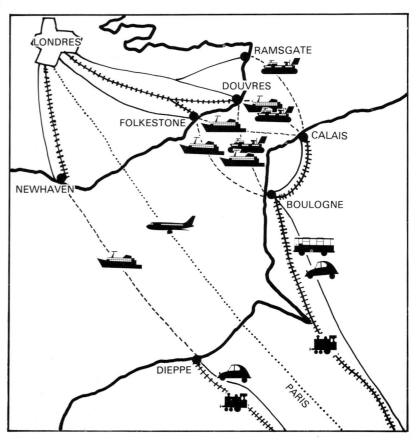

Answer these questions:

a Marcelle veut aller en Angleterre. Pourquoi?

b Qui est-ce qu'elle consulte?

c Combien de possibilités offre-t-il?

d Dans quel port anglais est-ce qu'on arrive si on prend un aéroglisseur Seaspeed?

e Et les aéroglisseurs de la compagnie Hoverlloyd, où arrivent-ils?

f Si on va à Dieppe par le train, de quelle gare parisienne part-on?

g Vous allez en Agleterre en car et en aéroglisseur. De quel port français partez-vous?

h Quelle est la différence entre le voyage Dieppe-Newhaven et le voyage Boulogne–Folkestone? (Regardez la carte!)

i Vous habitez Calais. À combien de ports anglais pouvez-vous aller directement? ...

j ... Et comment pouvez-vous traverser la Manche? (Regardez la carte!)

k Quels sont les aéroports de Paris?

L'embarras du choix

Marcelle cannot make up her mind which route to take. Here are some of the things that go through her mind:

'Si je pars *en voiture*, j'aurai plus de liberté. Mais pour une personne, prendre la voiture n'est pas très économique. Et ma voiture n'est pas neuve ... que ferai-je si elle tombe en panne? L'essence est moins chère en Angleterre qu'en France ... mais où pourrai-je garer la voiture quand j'arriverai à Londres?'

'Si j'y vais *par le train* et *en bateau*, je serai peut-être moins fatiguée à l'arrivée. Le voyage est assez rapide — il dure 6 heures — et assez confortable. Et je pourrai déjeuner dans le train ou dans le bateau.'

'Si je pars *en car* et *en aéroglisseur*, le voyage sera moins confortable ... je serai assise pendant des heures et je ne pourrai pas déjeuner en route. Mais c'est le voyage le moins cher de tous (un billet d'aller et retour coûte 360F).

'Si j'y vais *en avion*, le voyage sera le plus rapide de tous (le vol dure une heure) mais aussi le plus cher (un aller et retour coûte 920F). Et puis je suis toujours malade quand je voyage en avion.'

Answer these questions:

a What two advantages does Marcelle see in taking her car?

b What three disadvantages does she see?

c Why might she be better off travelling by train? Give four reasons.

d What advantage does the coach/hovercraft crossing offer?

e What two possible disadvantages does she see?

f What two things suggest she will not choose to go by air?

g Which route do you think she chose in the end and why?

On arrive à Londres

These French people have just arrived in London from Paris.
The information in the boxes will enable you to say:

how they travelled;
how they crossed from France to England;
how long the journey took;
how much the trip cost.

For example:

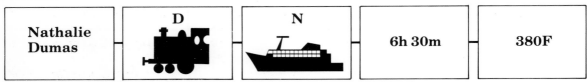

| Nathalie Dumas | **D** | **N** | 6h 30m | 380F |

Nathalie Dumas a voyagé à Dieppe par le train. Elle a pris le
bateau pour aller à Newhaven. Le voyage a duré six heures
et demie. Elle a payé trois cent quatre-vingts francs.

Now try these, orally with your teacher, or in writing, or
both:

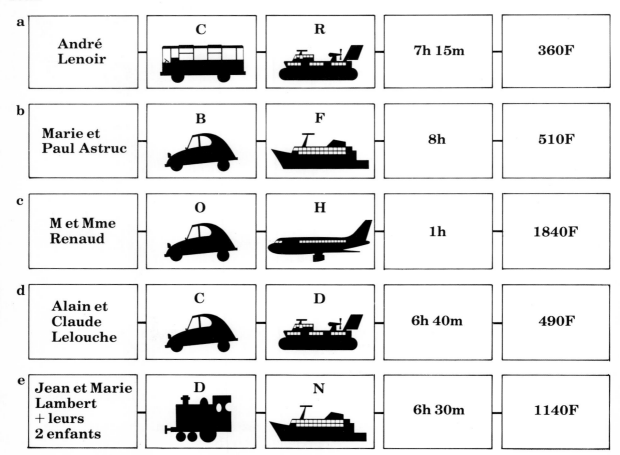

a	André Lenoir	**C**	**R**	7h 15m	360F
b	Marie et Paul Astruc	**B**	**F**	8h	510F
c	M et Mme Renaud	**O**	**H**	1h	1840F
d	Alain et Claude Lelouche	**C**	**D**	6h 40m	490F
e	Jean et Marie Lambert + leurs 2 enfants	**D**	**N**	6h 30m	1140F

Superlatives

In the last Unit you practised making comparisons using *plus/moins/aussi ... que* to say, for example, that Saint-Malo is *bigger* or *more* industralized than Port-Vendres. If you want to say that a town is *the biggest* or *the most* industrialized, the *least* big or the *least* industrialized, you would again use *plus* and *moins*, but with *le, la* or *les*. Look at these examples:

a Port-Vendres (5,000 habitants) est petit, Saint-Malo (46,000 habitants) est *plus grand que* Port-Vendres, mais Paris (9,250,000 habitants) est *le plus grand*. (Port-Vendres est *le moins grand*.)

b Marie (1 mètre 40) est petite, Dominique (1m 35) est *plus petite que* Marie, mais Valérie (1m 30) est *la plus petite*. (Marie est *la moins petite*.)

c Les autos (150km/h) sont rapides, les trains (180km/h) sont *plus rapides que* les autos, mais les avions (800km/h) sont *les plus rapides*. (Les autos sont *les moins rapides*.)

1 Following the pattern of the examples above, make sentences of these, with a comparison and a superlative. (Don't forget to make the adjective agree when necessary!):

a Les bateaux (40km/h) ... les aéroglisseurs (75km/h) ... les avions (800km/h) — RAPIDE

b La ville de Calais (62,100 habitants) ... la ville de Boulogne (62,200 habitants) ... la ville de Dieppe (76,200 habitants) — GRAND

c Le voyage Paris–Boulogne (2 heures) ... le voyage Paris–Dieppe (2h 30) ... le voyage Paris–Calais (3h) — LONG

d La traversée Dieppe–Newhaven (3 heures) ... la traversée Calais–Folkestone (1h 10m) ... la traversée Calais–Ramsgate (40 m) — COURT

e Un billet de car/aéroglisseur (360F) ... un billet de train/bateau (380F) ... un billet d'avion (920F) — CHER

2 You saw in the last Unit that *meilleur* means *better*. To say that something is *best* you use *le meilleur/la meilleure/les meilleur(e)s*. For example:

Nous avons bu du vin australien, du vin italien et du vin français: le vin français est *le meilleur*.

Now complete these sentences, saying which of the three things is best in your opinion:

a J'ai bu du vin blanc, du vin rouge et du vin rosé: le ...

b Nous avons voyagé en bateau, en avion et en aéroglisseur: les ...

c J'ai conduit une Citroën, une Mercédès et une Jaguar: la ...

d Nous avons mangé des tartes aux fraises, des tartes aux pêches et des tartes aux pommes: les ...

e J'ai vu un western, un film science-fiction et un film policier: le ...

Dans une gare

This picture represents a typical French railway station. Look at it, listen to the description on the tape, then do the exercises.

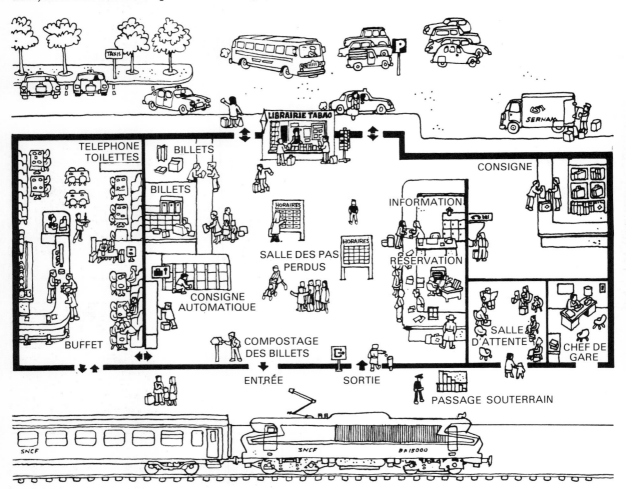

1 *Questions*

a Qu'est-ce qu'il y a devant la gare?

b Quand on entre dans la gare, où est-ce qu'on peut acheter des billets — à droite ou à gauche?

c Qu'est-ce qu'on peut acheter à la librairie-tabac?

d Qu'est-ce qu'il y a en face de la consigne?

e Qu'est-ce qu'il y a à côté du bureau du chef de gare?

f Dans une gare, où va-t-on pour acheter un journal?

g Où va-t-on pour laisser une valise?

h Et pour manger, où va-t-on?

i Où va-t-on pour attendre le train?

j Et pour prendre un café?

k Vous êtes dans la salle des pas perdus et vous regardez les trains. Vous passez sur le quai et vous tournez à gauche. Vous ne descendez pas dans le passage souterrain et vous tournez à gauche. Où êtes-vous?

l Vous descendez de l'autobus et vous entrez dans la gare. Vous allez tout droit et vous traversez la salle des pas perdus. Vous passez sur le quai, vous tournez à droite et encore une fois à droite. Où êtes-vous?

76

2 *What do you do?*

a Vous arrivez en retard à la gare et vous avez manqué votre train. Vous avez une heure et demie à attendre. Votre valise est très lourde. Qu'en faites-vous?

b Vous venez d'acheter un journal. Vous avez une demi-heure à attendre et vous voulez vous asseoir tranquillement pour le lire. Où allez-vous?

c Le train est en retard et vous allez arriver chez vos amis avec une heure de retard. Vous voulez les prévenir. Qu'est-ce que vous faites?

d Vous sortez de chez vous très tôt le matin, sans avoir pris le petit déjeuner. Le train va arriver dans vingt minutes. Qu'est-ce que vous pensez faire pendant un quart d'heure?

e Vous venez de descendre du train et vous voulez arriver le plus vite possible chez vos amis qui habitent à quinze kilomètres de la gare. Qu'est-ce que vous faites en sortant de la gare?

f Vous avez acheté votre billet, vous avez quitté la salle des pas perdus et vous êtes sur le quai. On vous dit que votre train ne va pas arriver à ce quai mais à un autre. Que faites-vous pour y arriver?

Venir de

If you want to say *I have just* ... in French, you use *venir de* in the Present tense followed by the Infinitive. For example:

> *Je viens d'acheter* mon billet — *I have just bought* my ticket.
>
> *Il vient de manquer* son train — *He has just missed* his train.

Venir de occurs twice in Exercise 2 of *Dans une gare*. Which sentences is it in, and what do they mean?

Now look at the following pictures and write a sentence about each saying what the people have just done.

For example:
Il vient de laisser sa valise à la consigne.

What do they stand for?

Like us, the French refer to various institutions by initials. The following three are important ones connected with transport.

RATP   This stands for *Régie Autonome des Transports Parisiens* and is the equivalent of our London Transport. It controls all the bus and underground services in the Paris region.

RER   The regional express underground *(Réseau Express Régional)* which provides a fast and comfortable service for commuters from the outlying suburbs to the heart of Paris.

SNCF   The *Société Nationale des Chemins de fer Français* is the state-owned railway system: the equivalent of 'BR' — British Rail.

Le voyage aller

The following is an account by a French pupil of a school exchange visit to England. It describes, as the title suggests, the outward journey. Read it through, then do the exercises:

'Le départ est prévu pour 13h 30. À 13h 15, nous sommes réunis sur le quai de la gare d'Ussel en compagnie de notre professeur et de nos parents qui nous font leurs dernières recommandations. Peu après, le train entre en gare et nous montons dans le compartiment sans oublier notre accompagnateur, Alain Thibeau. Nous voilà partis pour l'Angleterre.

'Installés dans notre compartiment, nous vérifions qu'il ne nous
manque rien et chacun participe à des jeux destinés à rendre le
temps moins long jusqu'à Paris, qui est notre prochain arrêt.
Vers 20h nous arrivons en gare d'Austerlitz. Plus ou moins
encombrés par nos imposantes valises, nous nous précipitons
dans la direction du Métro. Ce dernier nous conduit directement
à la gare du Nord, où nous essayons de trouver le plus
rapidement possible notre train, et nous voilà repartis, cette fois
pour Dunkerque. Nous y arrivons vers 1h 30 et après une
attente fort longue (environ 500 personnes sont dans le même
cas que nous), nous entamons une traversée que chacun
appréhende plus ou moins. Comme la mer est calme, nous en
profitons pour nous restaurer au self-service et nous reposer
sur le pont.

'C'est vers 5h du matin que nous posons le pied sur la terre
anglaise, alors que le jour se lève sur Douvres. Le trajet
Douvres–Londres s'effectue dans un petit train confortable,
dont la lenteur nous permet d'observer la campagne anglaise. Il
nous dépose à Victoria Station, où, une fois encore, nous
prenons le Métro pour aller à King's Cross. Malgré quelques
difficultés linguistiques, Alain arrive à trouver notre train, et
nous nous embarquons pour Leeds, avant-dernière étape de
notre voyage. Nous y arrivons vers 15h et prenons place
presque immédiatement dans un petit train qui va beaucoup
trop lentement à notre gré.

'Le fait de ne pas connaître notre famille d'accueil nous rend un
peu inquiets. C'est vers 15h 30 que nous arrivons à Bradford,
fatigués par la chaleur et nos bagages, mais cependant heureux
de faire la connaissance des familles chez lesquelles nous
allons passer quinze jours.'

1 Complete the following sentences by
choosing the correct ending from the four
given:
a Le train pour Paris part
  A à une heure et quart
  B à une heure et demie
  C à deux heures et quart
  D à deux heures et demie
b La gare d'Austerlitz est
  A à Ussel
  B à Berlin
  C à Paris
  D à Dunkerque

c Pour aller de la gare d'Austerlitz à la gare
du Nord ils prennent
  A le train
  B le car
  C l'autobus
  D le Métro
d Ils doivent attendre à Dunkerque
  A quelques minutes
  B peu de temps
  C longtemps
  D une heure et demie
e Le train entre Douvres et Londres est
  A lent
  B long
  C rapide
  D grand

f Pendant le trajet entre Douvres et Londres
ils regardent
  A les maisons
  B le paysage
  C les Anglais
  D le train
g Le train arrive à Leeds vers
  A cinq heures du matin
  B cinq heures du soir
  C trois heures de l'après-midi
  D trois heures et demie du soir
h Le trajet entre Leeds et Bradford dure
  A une demi-heure
  B vingt minutes
  C deux heures et demie
  D trois heures et demie
i Ils sont fatigués
  A parce que les familles ne sont pas là
  B parce qu'ils sont inquiets
  C parce qu'ils n'ont pas dormi
  D parce que les valises sont lourdes
j Ils vont rester en Angleterre
  A une semaine
  B deux semaines
  C trois semaines
  D un mois

2 What words or expressions in the passage
are equivalent to these English words?

a platform	a (Channel/sea)
to get into ...	crossing
a compartment	the countryside
the next stop	a journey (look for two
the (Paris)	words here)
Underground	once again
a suitcase	about 5 o'clock in the
to try to ...	morning
	a seat (in a train/bus)

The Perfect tense (2)
1 In Unit 7 you saw how to make the Perfect
tense of -ER verbs (page 65). The Perfect of
-IR and -RE verbs is made in the same way,
the only difference being in the past
participles:
  those of -ER verbs end in *é*
  those of -IR verbs end in *i*
  those of -RE verbs end in *u*

So you might say:
  L'employé a vendu le billet à Madame
  Lepic.
  Elle a choisi un magazine au kiosque.
  Elle a attendu le train sur le quai.

For practice, write out the following
sentences in the Perfect tense.
a Madame Lepic (PERDRE) son billet.
b Le trajet entre Douvres et Londres (FINIR)
à neuf heures du soir.
c Ils (ATTENDRE) un taxi à l'entrée de la
gare.
d Elle (CHOISIR) un compartiment *Non
fumeurs.*
e Nous (ENTENDRE) le sifflet du chef de
train.
f Je (RÉUSSIR) à trouver ma valise.

2 As you might expect, many common verbs
have irregular past participles. For
example.
  prendre ... pris
  faire ... fait
  mettre ... mis
  courir ... couru
If in doubt, check in the Verb Table at the
back of the book (page 131).

For practice, try these (N.B. they are all
irregular!).
a Pour aller en France, elle (PRENDRE) le
bateau.
b Ils (COURIR) pour attraper l'autobus.
c À 7h du matin, nous (VOIR) les falaises
blanches de Douvres.
d Elle (DIRE) 'Est-ce que cette place est libre?'
e Je (METTRE) ma valise dans la voiture.
f L'année dernière, tu (FAIRE) un voyage en
Angleterre?
g Il (CONDUIRE) la voiture à une vitesse
incroyable.
h Je (OUVRIR) la porte de la salle d'attente.
i Nous (BOIRE) une bière au buffet de la
gare.
j Elle (LIRE) l'avis *Défense de fumer.*

Rôle-playing exercises

Imagine that you have gone to the booking office at a French station to buy a second-class return ticket to Bordeaux. The conversation with the booking clerk might go something like this:

Employé(e): Vous désirez, monsieur/mademoiselle?

Vous: Un aller et retour pour Bordeaux, deuxième classe, s'il vous plaît.

Employé(e): Ça fait quarante-neuf francs.

Vous: Voilà. À quelle heure part le prochain train pour Bordeaux?

Employé(e): Dans une demi-heure, à dix heures vingt.

Vous: Où se trouve la salle d'attente?

Employé(e): Elle se trouve là-bas, près de la consigne.

Vous: Merci monsieur/mademoiselle.

For practice, try these. You should:
supply the requests as indicated;
prepare possible answers the clerk might give;
check what you have prepared with your teacher;
practise the conversations, working in pairs.

1
a Ask for a first-class return to Marseille.
b Ask what time the next train leaves.
c Ask where the left-luggage office is.
d Thank him/her.

2
a Ask for a second class single to Rouen.
b Ask from which platform the train leaves.
c Ask what time the train will arrive in Rouen.
d Thank him/her.

3
a Ask for two tickets to Rennes.
b Say you want return tickets.
c Say you have no change and offer a 100F note.
d Thank him/her.

General questions

a Comment est-ce que les voyageurs peuvent traverser la Manche?
b Préférez-vous voyager en avion ou en bateau? Pourquoi?
c Quand on part de Newhaven pour traverser la Manche, où arrive-t-on en France?
d Comment s'appellent les aéroports principaux de Paris?
e Comment est-ce qu'on peut traverser Paris?
f Nommez deux gares à Paris.
g Où peut-on laisser des bagages dans une gare française?
h Est-ce que les voitures roulent à gauche en France?

Writing a letter

Imagine that you have just received the following letter from your French correspondent. Read it through and then write a reply to it (about 90 words), answering the questions about your mode of travel, time of arrival, etc.

Before doing so, it will be helpful to look back to the hints on letter writing given on page 6 of Unit 1 and page 20 of Unit 2.

Meaux, le 15 février

Chère Alison,

Mes parents m'ont dit que tu viendras passer les vacances de Pâques chez nous. Formidable! Dis-moi, est-ce que tu prendras l'avion ou préfères-tu voyager en bateau et par le train? Moi, je préfère voyager en avion, je me sens toujours malade quand je voyage en bateau!

Écris-moi bientôt et dis-moi la date de ton arrivée. Si tu prends l'avion, à quel aéroport arriveras-tu? Si c'est le bateau, est-ce que tu viendras Douvres–Calais ou peut-être Newhaven–Dieppe?

En tout cas, nous viendrons à Paris te chercher. N'oublie pas de me dire l'heure de ton arrivée!

Ton amie,

anne-marie

La bonne bouche

Here are the signs used to indicate some of the services you will find in large stations (and elsewhere) in France, England and many other countries.

Which caption goes with which sign? For example, A fits with 17, *Fumeurs*.

1 Entrée
2 Sortie
3 Eau potable
4 Eau non potable
5 Toilettes pour dames
6 Toilettes pour hommes
7 Facilités pour handicapés
8 Buffet (restaurant de gare)
9 Bureau de poste
10 Bureau des objets trouvés
11 Bureau de change
12 Bureau de renseignements
13 Réservation des places
14 Téléphone
15 Guichet des billets
16 Salle d'attente
17 Fumeurs
18 Non fumeurs
19 Consigne des bagages
20 Consigne automatique

G

N

H

O

I

P

J

Q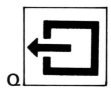

A

D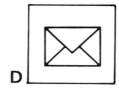

K

R

B

E

L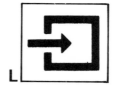

S

C

F

M

T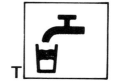

82

Mots essentiels

1 La gare — **the station**

les bagages(m)	luggage
le billet	ticket
un (billet d') aller et retour	return ticket
le buffet	buffet
la consigne	left luggage office
le guichet	ticket office
un horaire	timetable
libre	free, vacant
occupé	occupied
la place	seat (on train, etc.)
le quai	platform
la salle d'attente	waiting room
les toilettes (f)	toilets
la valise	suitcase

2

un aéroport	airport
une arrivée	arrival
attraper	to catch
un avion	aeroplane
le car	coach
cher(chère)	dear
confortable	comfortable
le départ	departure

environ	about
l'essence (f)	petrol
une étape	stage (of a journey)
fatigué	tired
inquiet (-ète)	worried
lent	slow
malgré	in spite of
la Manche	English Channel
manquer	to miss
le Métro	Underground
oublier	to forget
le passager / *le voyageur*	passenger
se précipiter	to hurry
presque	almost
prochain	next
en retard	late
le ticket	ticket
tomber en panne	to break down
le trajet / *le voyage*	journey
la traversée	crossing
vite	quickly
la voiture	car

Travel and transport (2)

This Unit contains more about transport. There is practice in Customs formalities and in understanding a railway timetable. You will learn names of foreign countries and practise saying how you go *to* and *from* them. You will also find out more about writing essays and learn how to say *in order to* do something.

Les voyages de Caroline

Caroline Duclos est représentante d'un commerce de porcelaine à Limoges en France. Elle voyage beaucoup à l'étranger pour vendre sa marchandise à des clients étrangers. Voici son itinéraire de la semaine dernière:

Jour	Ville et Pays	Transport
lundi	Limoges (France)	
	Paris (France)	train
	Manchester (Angleterre)	avion
mardi	Londres (Angleterre)	voiture
mercredi	Milan (Italie)	avion
	Rome (Italie)	train
jeudi	Bonn (Allemagne)	avion
	Cologne (Allemagne)	taxi
vendredi	Bruxelles (Belgique)	train
samedi	Paris	avion
	Limoges	train

1 *Questions*
a À quelles villes est-ce que Caroline a voyagé lundi?
b Et mercredi ... ?
c Est-ce que Bonn se trouve en France?
d Où se trouve Bruxelles?
e Comment est-ce que Caroline a voyagé de Rome à Bonn?
f Et de Cologne à Bruxelles?
g Quel pays a-t-elle visité après l'Angleterre?
h Quel jour a-t-elle quitté l'Allemagne?
i Et quel jour a-t-elle regagné la France?
j Elle a visité combien de pays étrangers?
k Combien de fois a-t-elle pris le train?
l Combien de fois a-t-elle voyagé en avion?
m A-t-elle visité la Suisse?

2 Draw a sketch map of Europe, labelling in
French the main countries and marking
and labelling the different cities which
Caroline visited. Show by means of arrows
the journeys she made and indicate with
symbols her means of travel. For example:

MILAN ● ——————— ●ROME

When you have finished, be prepared to
describe Caroline's travels orally to your
teacher.

3 On the same map show the itinerary of
Maurice Charnaz, a watch salesman who is
based in Geneva, Switzerland. He has six
cities to visit in five days, so you must
decide when he goes where and what means
of transport he uses in each case. He cannot
travel to or from Liège by air. The cities he
must visit (though not necessarily in this
order) are:

 Birmingham (Angleterre)
 Liège (Belgique)
 Munich (Allemagne)
 Naples (Italie)
 Madrid (Espagne)
 Lyon (France)
finally returning to
 Genève (Suisse).

Countries
All the countries you have seen in this Unit
are feminine (la France, la Belgique). To say
to or *in* a feminine country, you would use *en*,
and *from* it would be *de*:

 Il a voyagé *de* France *en* Italie.

A few countries, though, are masculine (le
Canada, le Portugal, le Maroc), in which case
to or *in* is *au* and *from* is *du*:

 Elle part *du* Portugal pour aller *au* Maroc.
The USA is plural as well as masculine:

 Ils vont *aux* USA tous les ans.
 Ils m'envoient toujours des cartes *des* USA.

Towns
To or *in* with towns is *à*; *from* is *de*:

 L'Arc de Triomphe se trouve *à* Paris.
 Nous allons traverser la Manche *de* Douvres
à Boulogne.

The Perfect tense (3)
On page 65 and 80 you learnt how to make
the Perfect tense using the Present of *avoir*
and a past participle (*j'ai dansé, elle a
attendu, nous avons choisi*, etc.). Instead of
avoir, a few very useful verbs take *être* (*je suis,
tu es, il est, nous sommes, vous êtes, ils sont*).
You may find it easiest to remember them as
five pairs of opposites:

 aller (to go) ... venir (to come)
 entrer (to come in) ... sortir (to go out)
 arriver (to arrive) ... partir (to depart)
 monter (to go up) ... descendre (to go down)
 naître — past participle: *né* (to be born) ...
 mourir — past participle: *mort* (to die)
There are three 'odd ones out':

 rester (to stay)
 tomber (to fall)
 retourner (to go back)
Verbs like *revenir* (to come back) and *rentrer*
(to return home), which are formed from the
ones above, also take *être*.

So you might say:

 Il *est arrivé* à Calais à 9h 15.
 Marie *est allée* en car de Paris à Dieppe.
 Nous *sommes sortis* de la gare.
 Jeanne d'Arc *est née* à Domrémy.
Notice that past participles of verbs using *être*
have to agree with their subject, sometimes
adding *-e, -s* or *-es,* just as adjectives do (see
page 5):

 Marie est allé*e* ...
 Nous sommes sorti*s* ...
So if you are a girl, and you want to say 'I
arrived at Dover', it would be:

 Je suis arrivée à Douvres.

For practice, put these into the Perfect tense.
For example:

 Le train arrive à Boulogne.
 Le train *est arrivé* à Boulogne.
a Il part pour la France.
b Elle descend du train.
c Je reste à la maison ce matin.
d Jean-Paul monte dans le car.
e Nous allons à Londres en avion.
f Je viens le plus vite possible. (NB: the past
 participle of *venir* is *venu*)
g La voiture tombe en panne.
h Elles entrent dans le compartiment.

Compostage des billets

Ticket control at platform barriers has been abolished on
French Railways. Instead, travellers have to validate
(composter) their own tickets before their journey by inserting
them in orange-coloured date-stamping machines
(composteurs) provided at platform entrances. (One of these
can be seen behind the man on the right in the photo). Failure
to validate your ticket can result in a fine of 20% of your fare:
ticket inspectors are still active on the trains themselves!

Accès aux quais   Au-delà
de cette limite
votre billet
doit être validé,
compostez-le

À la gare

1 Look at the photo below and listen to the eight questions,
 each of which is repeated. Your teacher will tell you when
 to answer.

2 What do you think the man on the left is asking the railway
 official? Write down an imaginary conversation between
 them.

Pour aller en Angleterre, prenons le train …

train/aéroglisseur Seaspeed

HORAIRES ALLER (heure locale)

Places assises Restauration Particularités	1-2 AB	1-2 BC	1-2 Y	1-2	1-2 D	1-2 Y
PARIS-Nord . . . . dép.	6 48	6 48	8 37	10 37	12 50	14 20
Amiens . . . . dép.	8 00	8 00	9 50	11 49	14 00	15 33
Boulogne-Aéroglisseurs 🏛 dép.	9a35		11 40	13 40	15 40	17 40
Calais-Maritime . . . . . 🏛 arr.		9b 42				
Dover-Hoverport . . . . . 🏛 arr.	9 20	11 05	11 15	13 15	15 05	17 15
Dover-Priory . . . . dép.	10 12	11 12	12 12	14 12	16 12	18 12
LONDON-Charing-Cross . . . arr.	11 40	13 40	13 40	15 40	17 40	19 40

HORAIRES RETOUR (heure locale)

Places assises Restauration Particularités	1-2	1-2 Y	1-2	1-2 Y
LONDON-Charing-Cross . . . . dép.	7c 00	9 00	11 00	13 00
Dover-Priory . . . . arr.	8c 59	10 28	12 28	14 28
Dover-Hoverport . . . . 🏛 arr.	9c 40	11 40	13 40	15 40
Boulogne-Aéroglisseurs . . . . 🏛 arr.	11 15	13 15	15 05	17 15
Amiens . . . . arr.				
PARIS-Nord . . . . arr.	14 20	16 35	18 23	20 26

A – Circule du 2 janvier au 14 mars 1980 : tous les jours sauf les samedis et dimanches.
B – **Avec changement de train à Longueau.** Les lundis Paris-Nord, dép. 6 h 54 sans changement de train à Longueau.
C – Circule jusqu'au 26 octobre 1979 et à partir du 17 mars 1980 : tous les jours sauf les samedis et dimanches.
D – Circule tous les jours du 20 décembre 1979 au 13 janvier 1980, sauf le 25 décembre 1979.
a – Arrivée à Boulogne-ville. Correspondance par autocar entre Boulogne-ville et Boulogne-Aéroglisseurs.
b – Correspondance par autocar entre Calais-Maritime et Calais-Aéroglisseurs ; Calais-Aéroglisseurs : dép. 10 h 30.
c – Jusqu'au 27 octobre 1979 et à partir du 16 mars 1980 : London Charing-Cross 8 h ; Dover-Priory 9 h 28 et Dover-Hoverport 10 h 40.

🏛	Gare frontière.
Y	Restauration simplifiée

1 Study the timetable, then choose the correct answer to the following:

a Complete this statement:
Le train qui quitte Paris à onze heures moins vingt-trois arrive à Dover Hoverport à …
   A onze heures et quart
   B midi moins onze
   C une heure et quart
   D deux heures douze

b Complete this statement:
Pour arriver à Amiens à sept heures sept du soir, on quitte Londres à …
   A sept heures
   B neuf heures
   C onze heures
   D une heure

c Which of the following is a frontier station?
   A Amiens
   B Dover-Priory
   C Dover-Hoverport
   D London-Charing Cross

d On which of the following services from Paris could you get light refreshments?
   A 6.48
   B 8.37
   C 10.37
   D 12.50

e On which of the following days could you travel on the 12.50 from Paris?
   A 16 November
   B 18 December
   C 25 December
   D 11 January

f On which of the following days could you travel on the 6.48 from Paris which goes via Boulogne?

A Wednesday, 2 April
B Sunday, 3 February
C Monday, 17 March
D Thursday, 24 January

g On which of the following days could you travel on the 6.48 from Paris which goes via Calais?

A Saturday, 13 September
B Monday, 12 May
C Friday, 14 March
D Sunday, 19 October

h On which train from Paris would you have to change at Longueau?

A 6.48
B 8.37
C 12.50
D 14.20

i On which train from Paris is there a motor coach link between Calais-Maritime and Calais-Aéroglisseurs?

A 8.37
B 12.50
C 10.37
D 6.48

j On which of the following days will a London-Paris train arrive at Dover-Priory at 9.20 a.m.?

A 14 March
B 16 June
C 20 October
D 6 November

2

a Where in France would you normally see the letters SNCF, and what do they stand for?

b What do the abbreviations *dép* and *arr* on the timetable stand for?

c What do you think the phrase *à partir de* means in expressions like *PARIS–LONDRES aller et retour à partir de 195F* and *à partir du 17 mars*?

d *Heure locale* is included in brackets after *HORAIRES ALLER* and *HORAIRES RETOUR*. What does it mean and why was it necessary to include it?

e What is French for: *every day* and *except*?

f Using the title *Pour aller en Angleterre, prenons le train* as a model, how would you say the following:

Let's take the boat to get to France.
Let's take the plane to get to Germany.
Let's take the coach to get to Belgium.

3 Imagine that you took the 10.37 from Paris-Nord to London, and answer the following questions:

a Est-ce que le train est parti de la gare Saint-Lazare à Paris?

b À quelle heure êtes-vous arrivé(e) à Amiens?

c Avez-vous changé de train à Longueau?

d Est-ce que vous avez passé par Calais?

e Le train, combien de temps a-t-il mis pour arriver à Boulogne?

f À quelle heure est-ce que le train est arrivé à Douvres?

g À quelle heure êtes-vous arrivé(e) à Londres?

h À quelle gare êtes-vous arrivé(e)?

Le voyage de M Lenoir

Look at the pictures, listen to the tape and answer the questions. Your teacher will tell you when to start writing.

1 *Questions*
Picture 1
a Qui a quitté la maison?
b À quelle heure a-t-il quitté la maison?
c Qu'est-ce qu'il a dit à sa femme?

Picture 2
a Qu'est-ce qu'il a décidé de prendre pour aller à la gare?
b Où est-ce qu'il a attendu l'autobus?
c À quelle heure l'autobus est-il arrivé?

Picture 3
a En arrivant à la gare, pourquoi est-il allé au guichet?
b Qu'est-ce qu'il a demandé à l'employé?
c Combien est-ce qu'il a payé?

Picture 4
a En attendant le train, où est-ce qu'il a posé sa valise?
b À quelle heure est-ce que le train est entré en gare?
c Où est-ce que M Lenoir est monté?

Picture 5
a À quelle heure est-ce que le train est arrivé à Amiens?
b M Lenoir, qu'est-ce qu'il a fait?
c À qui a-t-il donné sa valise?

Picture 6
a Qu'est-ce qu'il a fait ensuite?
b Qu'est-ce qu'il a pris pour aller à son hôtel?
c Qu'est-ce qu'il a dit au chauffeur du taxi?

2 Give an account of M Lenoir's return journey from his hotel in Amiens to his home in Paris. (Your teacher may wish to prepare this with you orally before you write it.) You will find it helpful to refer to Essay-Writing Technique (2) below before you begin.

Essay-writing technique (2)
Present participles
In *Le voyage de M Lenoir*, you have used:
En arrivant à la gare, il est allé au guichet ...
(*On arriving* at the station ...) and
En attendant le train, il a posé sa valise ...
(*While waiting for* the train ...).
So, to say *on* doing something or *while* doing something in French, just put *en* in front of the present participle of the verb. The present participle is very easy to make: all you do is take the *nous* form of the Present tense, take off the *-ons* and add *-ant*. For example:
nous march*ons* ... march*ant*
nous finiss*ons* ... finiss*ant*
nous attend*ons* ... attend*ant*

Now look at the following sentences and work out what they mean:
a En attendant l'autobus, il a regardé l'horaire.
b En trouvant mon billet, je suis sorti de la gare.
c En cherchant un taxi, elle a rencontré son amie, Nicole.
d En finissant mes devoirs, j'ai regardé la TV.
e En traversant la place, nous avons vu nos amis.
Try to use a sentence of this sort in each composition you write.

Direct speech
When you are writing a composition, you will usually want to include short conversations like this:
'Au revoir, chérie', a dit M Lenoir à sa femme.
'Au revoir, bon voyage,' a-t-elle répondu.
or this:
'Pour aller à la gare, s'il vous plaît?' a demandé M Lenoir.
'Prenez la première rue à droite', a répondu le passant.
Notice that in French, immediately after a piece of direct speech, you must turn round the subject and verb and say *a dit M Lenoir*. We sometimes do this in English (e.g. 'How do I get to the station, please?' asked Mr Black), but it is important to do it all the time when writing in French.

For practice, try these. In each sentence turn round the subject and verb, putting the verb into the Perfect tense. For example:
'Bonjour, ça va?' (M Lenoir/dire)
'Bonjour, ça va?' *a dit* M Lenoir.
a 'Un billet d'aller et retour, s'il vous plaît,' (M Lenoir/demander)
b 'En voiture!' (le chef de train/crier)
c 'Vos billets, s'il vous plaît,' (le contrôleur/dire)
d 'C'est le train de Paris?' (elle/demander)
e 'Bien sûr,' (il/répondre)

À la douane

Look at the picture, then do the exercises:

Questions
a Où se passe cette scène?
b Combien de personnes voyez-vous?
c Quel est le métier de l'homme en uniforme?
d Le jeune homme, comment est-il arrivé en France?
e Que fait-il?
f Que voyez-vous dans sa valise?
g Le douanier, qu'est-ce qu'il dit?

Rôle-playing
Build up the conversation that took place between the two people in the picture. You will need to:
supply the customs officer's part as indicated;
provide answers the young man might give;
check what you have prepared with your teacher;
practise the conversation, working in pairs.

Douanier:	Ask if the young man has anything to declare
Jeune homme:	—
Douanier:	Ask him to open his case
Jeune homme:	—
Douanier:	Ask how many bottles of whisky he has
Jeune homme:	—
Douanier:	Ask where he bought his camera
Jeune homme:	—
Douanier:	Tell him he can go (use *partir*)

On prend le train
You will hear three station announcements.
For each one, write down:
a when the train leaves;
b which platform it goes from;
c any special information given about it.

On prend l'avion
You will hear three airport flight announcements. For each one, write down:
a the flight number;
b where the flight is going to;
c where the passengers are asked to report;
d the number of the boarding gate.

Les passagers se plaignent

Listen to the news item, then answer the questions. Your teacher will tell you how many times the tape will be played and when to start writing:

a What was the number of the flight involved?
b Where was it going to?
c Who have the passengers sent their petition to?
d What caused the delay in take-off?
e How long was the delay?
f What type of plane did they travel on?
g What type did they want?
h How long did the flight last?
i What did the passengers want the airline to do?
j What is Air France's reaction to this demand?

La bonne bouche: Jeu de mémoire

Here is a photograph of 11 everyday items — things a French person might have in his pockets. Look at the photo and listen to the tape. Then close your books and see how many of the items you can write down, in French, from memory. If you can add any details, so much the better (e.g. une carte postale *de Carcassonne*).

Mots essentiels

1 Les pays (m)   **countries**

l'Allemagne (f)	Germany
l'Angleterre (f)	England
la Belgique	Belgium
le Canada	Canada
l'Espagne (f)	Spain
les États-Unis (m)	U S A
la France	France
l'Italie (f)	Italy
la Suisse	Switzerland

2 *un autobus (le bus)*   bus

la bicyclette } *le vélo*	bicycle
le billet de banque	banknote
la boîte d'allumettes	box of matches
le bureaux de renseignements	information office
la douane	customs
le douanier	customs officer
à l'étranger	abroad
la moto (cyclette)	motor bike
le passeport	passport
payer	to pay (for)
la pièce de monnaie	coin
le plan	plan

What do you know about France?

1 Choose the right answer:

a Where was Napoléon born?
- **A** Paris
- **B** Corsica
- **C** Domrémy
- **D** Brittany

b Which letters refer to the French railways?
- **A** RATP
- **B** P et T
- **C** EPS
- **D** SNCF

c Which one of the following is on the Ile de la Cité?
- **A** Notre Dame
- **B** Tour Eiffel
- **C** Opéra
- **D** Louvre

d Which one of the following is a Paris department store?
- **A** Maxim's
- **B** Galeries Lafayette
- **C** Sacré Coeur
- **D** Montmartre

e Which one of the following is not a French river?
- **A** la Loire
- **B** la Marne
- **C** la Seine
- **D** la Manche

f Which of the following is the equivalent of a British 'A' road?
- **A** Route nationale
- **B** Autoroute
- **C** Route départementale
- **D** Boulevard

g In which of the following regions of France is Saint-Malo?
- **A** Provence
- **B** Normandy
- **C** Aquitaine
- **D** Brittany

h When did the French Revolution begin?
- **A** 1600
- **B** 1715
- **C** 1789
- **D** 1870

i In a French school, a person who does supervisory duties is called a
- **A** surveillant
- **B** instituteur
- **C** professeur
- **D** pensionnaire

j Whitsun is
- **A** La Toussaint
- **B** L'Assomption
- **C** La Fête du Travail
- **D** La Pentecôte

2 Answer the questions:

a At what French port will passengers from Newhaven arrive?

b What is the English equivalent of a *classe de cinquième* in a French school?

c Name one of the two stations in Paris at which cross-Channel passengers arrive.

d What would you expect to find at the Louvre?

e At what time does a normal French school day begin?

f Easter is known in France as ... ?

g Which French navigator is associated with Canada?

h Which part of a French house is *le sous-sol*?

i What form of transport do you associate with Orly?

j At what meal in France would you normally expect *croissants* to be eaten?

k What country is separated from France by the Pyrenees?

l What is *une école maternelle*?

m What is *un aller et retour*?

n Which flower do French people traditionally
give each other on 1st May?

o What is celebrated on 15th August in
France?

p What is the French flag called?

q In a French school, what is the difference
between an *externe* and a *demi-
pensionnaire*?

r What is the RER?

s What does the sign *Stationnement interdit*
mean?

t What is the significance of the sign *Eau non
potable*?

3 Write about 20 words in English on each of
the following:

a Vincent van Gogh

b La Fête Nationale

c Le Jour de l'An

d Compostage des billets

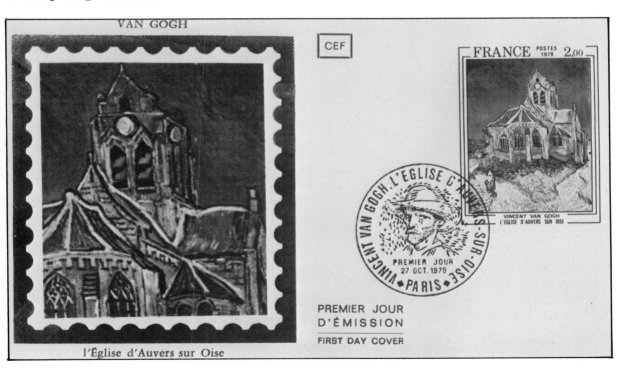

VAN GOGH

l'Église d'Auvers sur Oise

CEF

FRANCE POSTES 1979 2,00

VINCENT VAN GOGH
L'EGLISE D'AUVERS SUR OISE

VINCENT VAN GOGH. L'EGLISE D'AUVERS-SUR-OISE
PREMIER JOUR
27 OCT. 1979
• PARIS •

PREMIER JOUR
D'ÉMISSION

FIRST DAY COVER

On holiday (1)

The subject of this Unit is holidays: deciding where to go and what to do. You will practise making enquiries at a tourist information office and learn how to write a booking letter to a French campsite. There is information about Youth Hostels and *départements* and you will learn how to say *after* something has happened.

Une question de vacances

The character in the picture is faced with a bewildering choice of holiday possibilities: where to stay, what do do and how to travel. Which of his thoughts fits with which of the following descriptions?

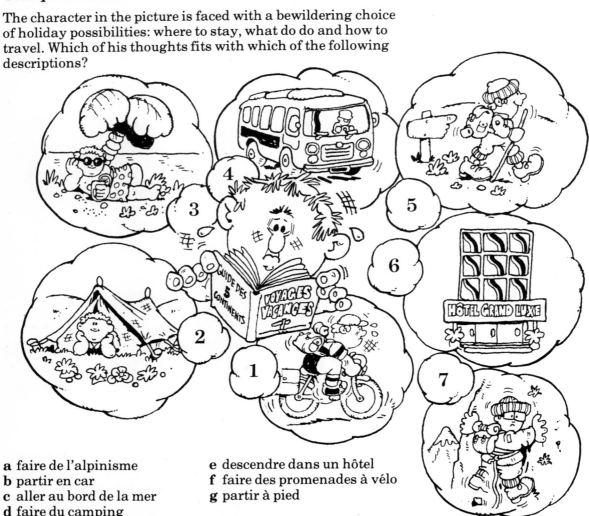

a faire de l'alpinisme
b partir en car
c aller au bord de la mer
d faire du camping
e descendre dans un hôtel
f faire des promenades à vélo
g partir à pied

Ils ont choisi

Four French students, Liliane, Gilles, François and Pierre, went through the same process of deciding how to spend their holidays. Here are extracts from letters they wrote to a student magazine, in which they describe their experiences. Read what they have to say, then answer the questions:

LILIANE a pris le car pour aller au Portugal:
'Il y a des compagnies de car (françaises, portugaises, espagnoles) qui vous transportent directement de Paris à Lisbonne. Ce sont des cars qui ramènent chez eux les travailleurs immigrés pour les vacances. Au Portugal, il y a maintenant une seule compagnie de cars nationalisée; ça marche très bien, on peut aller partout ... c'est moins cher et plus rapide que le train ...'

GILLES est allé camper en Autriche:
'Nous avons dormi dans des campings — c'est pratique à cause des douches — mais aussi au bord des routes. En général les campings ne sont pas près du centre ville, et il faut prendre un car pour y aller ... '

FRANÇOIS a préféré camper en Norvège:
'Les campings sont moins chers que les AJ et ils ont presque tous une cuisine collective. Emportez des vêtements chauds, car même en août il y fait très froid ... '

PIERRE, un jeune Parisien, a décidé de passer une semaine de ses vacances dans un hôtel — à Paris!
'Après avoir payé ma note, je me suis retrouvé devant l'hôtel, ma valise à la main. J'ai jeté un coup d'oeil au troisième étage, vers la fenêtre de ma chambre. ... Adieu ma semaine de luxe! Quelques minutes plus tard je suis arrivé chez moi! Ma voisine, en me voyant rentrer, a remarqué:
  "Je vois que vous avez eu beau temps — vous êtes tout bronzé."
  "Oui, un temps splendide."
  "Ici il n'a pas fait trop mauvais. Il ne faut pas se plaindre ... "'

1
a For what purpose are the coaches Liliane mentions going to Portugal?
b What does she tell us about the ownership of Portuguese coaches?
c What is the disadvantage, in Gilles' opinion, of Austrian campsites?
d What word of caution does François give us about camping in Norway?
e Does Pierre's neighbour know where he has been for his holidays?
f How can you tell?

2
a Où est-ce que Liliane a passé ses vacances?
b Comment est-elle partie?
c Comparez le prix des cars et le prix des trains au Portugal.

d Est-ce que Gilles est allé en Norvège?
e Pourquoi a-t-il campé dans des campings?
f Où a-t-il campé aussi?
g Comparez le prix des campings et le prix des auberges de jeunesse en Norvège.
h Quel est un autre avantage des campings dans ce pays?
i En quel mois est-ce que François est parti?
j Qu'est-ce que Pierre a fait en quittant son hôtel?
k Combien de temps a-t-il passé à l'hôtel?
l Qui a-t-il vu en rentrant?

Après avoir/être
In the extract from Pierre's letter you will have seen 'Après avoir payé ma note ... ' (After paying my bill ...). This useful and simple expression is well worth learning. As you can see, all it consists of is:

Après ⎡ avoir + past participle of verb
       ⎣ être + past participle of verb(may need to agree)

For example:
Après avoir acheté son billet, Liliane est montée dans le car.
Après être arrivée à Lisbonne, Liliane a cherché son hôtel.

For practice, make similar sentences from the following:
a *Quitter* l'hôtel, Pierre *rentrer* chez lui.
b *Payer* sa note, Pierre *sortir* de l'hôtel.
c *Quitter* la Norvège, François *partir* pour l'Allemagne.
d *Trouver* un camping, Gilles *dresser* sa tente.
e *Monter* dans le car, Liliane *chercher* une place libre.

Try to include at least one *après avoir/être* expression in each essay you write from now on.

Y
Y means *there* and is like an object pronoun (see Unit 4, page 00) in that it goes in front of the verb. You saw it used in the letters from François and Gilles:
... il y fait très froid (it's very cold there)
... pour y aller (to get there)
When used with the Perfect tense, *y* goes before the part of *avoir* or *être*:
Vous êtes allé en France? — Oui, j'y ai passé quinze jours.

Answer these questions, using *y*:
a Est-ce que Liliane a passé ses vacances au Portugal?
b Comment est-ce que Gilles est allé du centre ville au camping?
c Est-ce que François a campé en Norvège?
d Quel temps fait-il en Norvège, même en août?
e Quel temps a-t-il fait à Paris, pendant les vacances de Pierre?

Il faut ...
Il faut ... means *it is necessary ...* , though more often we would say *you (or anybody) must/have to*. It is followed by the Infinitive of the verb that you must or must not do.
Gilles said:
'... il faut prendre un car' (you have to catch a bus)
François could have said:
'... il faut emporter des vêtements chauds' (you must take warm clothing).

Try these:
a Où faut-il aller pour prendre le train?
b Où faut-il aller pour faire de l'alpinisme?
c Quel équipement faut-il avoir pour faire du camping?
d Qu'est-ce qu'il faut avoir pour passer une frontière?
e Qu'est-ce qu'il faut faire en quittant un hôtel, à la fin des vacances?

Rôle-playing exercises: au syndicat d'initiative

Imagine that you have gone into a tourist information office in France to ask for a town plan, to enquire if there is a campsite nearby and to find out whether there are any interesting places to visit. The conversation might go something like this:

Employé(e):	Bonjour monsieur/mademoiselle. Vous désirez?
Vous:	Bonjour. Est-ce que je peux avoir un plan de la ville, s'il vous plaît?
Employé(e):	Oui, bien sûr. Voilà. Vous voulez d'autres renseignements sur la ville?
Vous:	Oui. Est-ce qu'il y a un camping près d'ici?
Employé(e):	Oui, il est près de la rivière.
Vous:	Il y a des monuments intéressants à visiter?
Employé(e):	Certainement. Il y a l'église qui date du 16e siècle et le vieux château.
Vous:	Merci monsieur/mademoiselle.
Employé(e):	De rien. Au revoir, monsieur/mademoiselle.

For practice, try these. You should:
    take the part of the tourist and work out what he/she will say;
    prepare possible answers the clerk might give;
    check what you have prepared with your teacher;
    practise the conversations, working in pairs.

1

a Ask for a town plan.
b Ask if there is a swimming pool in the town.
c Ask if it is very far away.
d Thank him/her.

2

a Say you would like some information about the town.
b Ask if there are any interesting places to visit.
c Ask for a list of hotels.
d Thank him/her.

3

a Greet him/her.
b Ask for a map of the region.
c Ask if the old castle is open today.
d Thank him/her.

Les auberges de jeunesse

Look at this extract and the accompanying advertisement
from a student magazine.

D'abord, un peu d'histoire ... c'est un professeur allemand,
Robert Shirmann, qui a créé la première auberge de jeunesse
en 1911.
Les AJ varient beaucoup d'un pays à l'autre, mais les
caractéristiques sont les mêmes partout: ce sont des centres
pour les jeunes où l'on peut passer la nuit à prix bas. Les AJ
offrent des lits en dortoirs séparés pour garçons et filles,
avec lavabos et toilettes, une salle commune et, dans un
grand nombre d'AJ, un endroit où l'on peut faire la cuisine.

En général, on ne peut passer plus de 3 nuits consécutives
dans la même AJ, mais tout dépend de la saison et des
places disponibles. Si l'on n'a pas de sac de couchage, on
peut généralement en louer, ainsi que des draps.

Une dernière remarque: mettez-vous bien dans la tête que les
AJ ne sont pas des hôtels. Et si vous n'êtes pas prêts à
accepter une certaine discipline — allez faire votre lit
ailleurs!

fédération unie des auberges de jeunesse
Avec les Auberges de Jeunesse, organisez vous-mêmes vos vacances!

...EN FRANCE
● 200 Auberges de Jeunesse, 200 points de rencontre
des jeunes de tous les pays.
● Des possibilités illimitées et économiques, orga-
nisez vous-même vos déplacements, pendant toute
l'année.
● Plus d'une centaine de propositions d'activités en
été : voile, montagne, artisanat, équitation, cyclotou-
risme, randonnées...
● Des réductions dans 20 villes de France : musées,
piscines, cinémas, transports...

...ET DANS LE MONDE ENTIER
● 5 000 Auberges de Jeunesse dans 50 pays.
● Des transports à tarif réduit pour les étudiants... et
les autres.
● 60 circuits et séjours proposés pendant l'été, de
l'ouest Canadien au Japon.
● Des forfaits individuels (USA - Canada - Israel).
● Des réductions dans 20 pays : transports maritimes,
musées, etc...

LA CARTE D'ADHÉRENT DE LA F.U.A.J. :
UN VÉRITABLE PASSEPORT
INTERNATIONAL DES JEUNES...

Informez-vous auprès de l'Auberge de Jeunesse la plus proche ou bien à :

PARIS
F.U.A.J.
6, rue Mesnil
75116 PARIS
Tél. 261.84.03

F.U.A.J. (Région Parisienne)
10, rue Notre-Dame de Lorette
75009 PARIS
Tél. 285.55.40

DIJON
Centre de Rencontres Internationales
1, bd Champollion
21000 DIJON
Tél. (80) 71.32.12

LYON
F.U.A.J. (Assoc. Dép. du Rhône)
26, rue de Flesselles
69001 LYON
Tél. (78) 27.13.14

Départements, postcodes and telephone numbers

As you can see from the bottom of the advertisement, the French have a system of postcodes. However, instead of writing them at the very end of the address, they put them immediately before the name of the town, and on the same line (e.g. 75116 PARIS). Just as England is divided into counties, so France is split into *départements*. These *départements* are numbered alphabetically from 01 to 95 and it is this number which always forms the first two figures of the postcode. For example Lyon is in the *département* of Rhône, whose number is 69, so the postcode for Lyon (or anywhere in Rhône) begins with 69. The same applies to car number plates, but in this case it is the last two figures which indicate the *département*.

Each *département* also has its own telephone dialling code (different from the number used in the postcode). Dijon is in the *département* of Côte d'Or, whose dialling code is 80, so if you were outside the *département* and wanted to dial Dijon, you would dial 80 and then the number you wanted.

French phone numbers are usually in sets of two figures. So if you needed the operator to get you the FUAJ in Lyon, you would ask for *le vingt-sept, treize, quatorze*.

1 Look again at the advertisement, then answer the following:

a What is French for *the whole world*? What does *tout le monde* mean?

b Find the French for *during the summer*.
How would you say: during the spring;
during the autumn;
during the winter ?

c Find the French for *more than a hundred or so ...*
How would you say: more than 50 countries;
more than 20 towns ?

d Find the French for *the nearest youth hostel*
How would you say: the nearest swimming bath;
the nearest cinema ?

e Why do you think it is *au Japon* instead of *en Japon*? (Look back to page 85 if you need to.)

f In the address in Dijon there is 1, bd Champollion. What is *bd* short for?

2 *Questions*

a Robert Shirmann, où est-il né?

b Quand a-t-il créé la première auberge de jeunesse?

c Est-ce qu'il coûte cher de passer la nuit dans une AJ?

d Qu'est-ce qu'on fait dans un dortoir?

e Généralement, combien de temps peut-on rester dans une AJ?

f En quelle saison, croyez-vous, est-il difficile de trouver des places dans les AJ?

g Qu'est-ce qu'on fait si l'on n'a pas de sac de couchage?

h Quelles différences y a-t-il entre une AJ et un hôtel?

i Combien d'AJ y a-t-il en France?

j Et dans le monde entier?

k Qu'est-ce qu'on fait dans une piscine?

l Quelle est l'adresse de la FUAJ à Paris?

m Et son numéro de téléphone?

Le jeu des 10 erreurs

DESSIN ORIGINAL

DESSIN MODIFIÉ

1 En recopiant son dessin original, notre artiste a fait dix erreurs. Pouvez-vous les trouver dans le dessin modifié?

Exemple:

Dans le dessin original, la jeune fille porte un bikini; dans le dessin modifié, elle porte un maillot de bain.

2 Now imagine that you are on the beach yourself, looking at the scene in front of you. Choose one of the pictures and describe what you can see. Remember, as it is happening *now*, the verbs will be in the Present tense.

When you have worked this out with your teacher, write a description of the scene.

The Perfect tense (4)

On page 14 you learnt about the Present of reflexive verbs (*il se lave, je m'appelle,* etc.). In the Perfect, like the verbs on page 85, they take *être*. So you might say:

Ce matin, mon frère *s'est réveillé* à 8h.
Puis, il *s'est levé*.
Ensuite, il *s'est habillé*.

or

Ce matin, ma soeur s'est réveill*e* à 8h.
Puis, elle s'est lev*ée*.
Ensuite, elle s'est habill*ée*.

For practice, put the following into the Perfect. Start with *Hier, je me suis réveillé/réveillée*...

Je me réveille à 7h et je me lève immédiatement. Puis, je me lave dans la salle de bains et je m'habille.
Le matin, je me promène à la campagne et à 11h 30 je me baigne dans la mer.

Vive la différence!

1 In this short description of a French boy's camping holiday, he mentions some of the differences between his daily life at home and what he did when camping. Using the first difference as an example, complete the rest using, as he does, the Perfect tense:

L'année dernière, j'ai fait du camping au Canada. J'ai passé quinze jours avec des camarades canadiens au bord d'un petit lac à 50 km de Montréal. C'était fantastique! Voici quelques petites différences entre ma vie normale chez moi et ma vie au camping:

Chez moi ...

Au camping ...

a

je me réveille
quand le réveil sonne

je me suis réveillé quand les oiseaux ont chanté

b

je me lève pour aller à l'école

je ___ ___ ___ pour explorer la forêt

103

c
je me lave dans la salle de
bains

je ___ ___ ___ dans
un lavabo portatif

d
je m'habille dans ma
chambre

je ___ ___ ___ (avec
beaucoup de difficulté!) dans
la tente

e
je me peigne devant le miroir

je ___ ___ ___ sans
miroir

f
je me promène en ville

je ___ ___ ___ à la
campagne

g
je me repose devant la télé

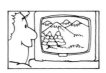

je ___ ___ ___
devant un paysage
magnifique

h
je me baigne à la piscine

je ___ ___ ___ dans
le lac

i
le soir, je me couche
dans un lit

le soir, je ___ ___ ___
dans un sac de couchage

j
je m'amuse souvent

je ___ ___ ___
tout le temps!

2 *Qu'est-ce qu'il a fait au camping?*
Now say what he did at the campsite. Start
with:

Au camping, *il s'est réveillé* quand les
oiseaux ont chanté ... and work through to
the end.

Pour faire du camping

Many people now go on camping holidays abroad. This is the kind of preliminary booking letter you might send to a French campsite:

Monsieur le Directeur,
Camping 'Les Granges',
64500 St. Jean-de-Luz

Monsieur le Directeur,
    Je vous serais obligé de me communiquer vos conditions et tarifs correspondant au séjour suivant:
    Arrivée — le 3 août   Départ — le 17 août
    Nous sommes 2 adultes et 2 enfants âgés de 15 et 13 ans.

    Nous désirons réserver un emplacement pour une voiture et une tente.

    Veuillez me répondre à l'adresse ci-dessous:

Mr D. Martin,
16, Cedar Drive,
Leeds LS14 6PD.

    Avec mes remerciements,

D. Martin

Now try the following for yourselves. As well as the information given in the letter above you will need to know *une caravane, une caravane motorisée* and *louer* (to hire).

What would these families write?
a The Jacksons (father, mother and three children aged 14, 12 and 5) want to take their caravan to the 'Le Moulin' campsite in Nice between 16 July and 21 July.
b Mr and Mrs Richards want to hire a tent at the 'Les Mouettes' site in La Baule, Brittany, between 7 April and 14 April.
c The Brown family (grandmother, father, mother and three children aged 17, 15 and 12) want to take their motor caravan to the 'Soleil' site in Argelès. They also want to hire a tent on site. They will be there between 2 August and 20 August.

d Your own family has decided on a camping holiday at the 'Le Phare' site in Royan. Decide what accommodation is needed and when you want to be there.

Adresses et numéros de téléphone
It can be very useful to take down an address and phone number quickly. Listen to the tape and write down the four addresses and phone numbers as they are dictated to you.

105

Météo

When you are on holiday in France, you will certainly want to know what the weather forecast is. Remember, it is not necessary to understand every word: try to get the gist of what is being said and pick out the particular bits of information which concern you. Listen to the recorded forecast, then answer the questions. Your teacher will tell you how many times the tape will be played and when to start writing.

a What will the weather be like in the South?
b How hot will it get in Nice?
c What will the morning be like in the East?
d How will the day start in the West of the country?
e What will happen there during the course of the day?

f How long will the rain last on the Channel Coast and in Brittany?
g What will the weather be like in the Paris region?
h What will be the maximum temperature in the North?

La bonne bouche

Youth hostels, both in England and France, often use a distinctive stamp to mark visitors' membership cards.

Here are two stamps and a receipt from French hostels. In which towns are they and whereabouts in France are those towns?

Mots essentiels

1 Au bord de la mer — **at the seaside**

se baigner	to bathe
le bikini	bikini
la canne à pêche	fishing rod
le filet	net
le maillot de bain	bathing costume
nager	to swim
pêcher	to fish
la plage	beach
le rocher	rock
le sable	sand

2 *une auberge de jeunesse* — youth hostel

le ballon	ball
la bouteille	bottle
le camping	campsite
faire du camping	to go camping
le canot	rowing boat

la caravane	caravan
le chien	dog
la fin	end
la forêt	forest
la glace	ice cream
louer	to hire
la note	bill
le nuage	cloud
un oiseau	bird
passer (la nuit)	to spend (the night)
le paysage	countryside
prêt	ready
le prix	price
le sac de couchage	sleeping bag
le soleil	sun
le syndicat d'initiative	tourist information office
la tente	tent
les vacances (f)	holidays

On holiday (2)

This Unit has more about holidays: the self-catering sort and a Paris river trip. You will learn how to describe past situations and practise booking in at a French hotel.

Vacances ... en 1901

Look at the poster used by the *syndicat d'initiative* in Arcachon to promote the town's tourist trade; then answer the questions.

a According to the *syndicat d'initiative*, what are the town's attractions (bottom left-hand corner)?

b Why do you think there are two scenes, one labelled *Ville d'Hiver* and the other *Ville d'Été*?

c What is the animal (bottom right-hand corner) that is being hunted?

d Whereabouts in France is Arcachon?

The Imperfect tense

The following extract from a diary might have been written by someone observing the beach scene on the poster.

> *Arcachon, le 2 août 1901*
>
> Aujourd'hui, j'ai décidé de faire une promenade à la plage. Il faisait beau et il y avait beaucoup de monde. En me promenant, j'ai remarqué deux jeunes filles assises sous un grand parasol. Elles étaient en train de parler avec une amie qui portait un maillot de bain élégant. Un peu plus loin, deux petites filles jouaient sur le sable. Il y avait des canots et toutes sortes de bateaux sur une mer calme . . .

Most of the verbs in this passage (*il faisait, elles étaient,* etc.) are in a past tense called the Imperfect. The Perfect tense, which you have already learnt, is used for events and completed actions in the past. The Imperfect, on the other hand, is used for description, for setting the scene before or during the main action or story, or for saying what someone *was* doing.

Except for *être,* the Imperfect of all verbs is made in exactly the same way. Start with the *nous* form of the Present tense, take off the *-ons,* then add these endings:

-ais	-ions
-ais	-iez
-ait	-aient

Être has the same endings as well, but they are added to *ét-,* so the whole verb looks like this:

j'étais	nous étions
tu étais	vous étiez
il était	ils étaient

1 For practice, write out the following sentences, putting the verb in brackets into the Imperfect tense:

a Il (FAIRE) beau et le soleil (BRILLER).
b Il y (AVOIR) trois taxis devant la gare.
c Le train (ALLER) partir à 9h 30: nous (ÊTRE) en retard.
d Quatre personnes (ATTENDRE) à l'arrêt quand l'autobus est arrivé.
e Nous (FINIR) le déjeuner quand mon père est rentré.
f 'Tu (VOULOIR) me parler?' a demandé M Lenoir.
g Elles (ÊTRE) en train de faire leurs devoirs quand le professeur est entré.
h Je (REGARDER) par la fenêtre quand j'ai entendu un bruit.
i Le garçon (S'APPELER) Marc et il (AVOIR) 15 ans.
j Les deux jeunes filles (S'APPELER) Marguerite et Adèle. Elles (HABITER) Arcachon.

2 Now look back at the *Dessin Original* in the *Jeu des dix erreurs* on page 102. Work out answers to the following questions:

a Quel temps faisait-il?
b Est-ce qu'il y avait trois châteaux de sable?
c Où se trouvait l'oiseau?
d Le chien était assis à côté de l'oiseau?
e Qui jouait avec un ballon?
f Qui était en train de s'habiller?
g Que faisait la jeune fille au premier plan?
h Le garçon dans la mer, que faisait-il?
i Combien d'hommes y avait-il dans le canot?
j Que faisait le petit garçon à droite?

Pour faire une promenade sur la Seine

Read through the information from one of the companies
running pleasure cruises on the Seine in boats called *vedettes*;
then answer the questions:

VEDETTES DE
PARIS ILE DE FRANCE
tél. 705-71-29
départ pont de léna
MÉTRO : Bir-Hakeim
TRAIN : ligne Invalides Versailles, station Champ-de-Mars
PARKING GRATUIT

La traversée complète de Paris toute l'année.
Une heure de croisière commentée, départ toutes les 30 minutes
Prix : 15 F, enfants de moins de 10 ans : demi tarif.
Du 1er Mai à Octobre, tous les soirs à partir de 21 heures :
"CROISIERE DES ILLUMINATIONS". **Prix : 20 F**, enfants :10 F.

a Where does the cruise start?
b If you were travelling by Underground,
   which station would you go to?
c If you went by car, how much would it cost
   you to park while you were taking the
   cruise?
d How long does each cruise last?

e How much would it cost a family of two
   adults and two children aged 11 and 8?
f If you wanted to go on the 'Illuminations
   Cruise' in June, what is the earliest time you
   could start?
g And in November?

Bonnes vacances à Anduze!

Like us, many French people go on self-catering holiday in the country. They often choose them from tourist brochures, written in the style of the one below, which lists the facilities and attractions of a holiday home *(gîte)* at a centre in the south of France. Read through the information, then do the exercises.

Vos vacances à Anduze

Ce matin en ouvrant les volets vous vous trouvez devant un paysage magnifique. Quel calme! C'est reposant, ce silence. Le temps? Il fait beau, naturellement. La journée commence bien.

Qu'allez-vous faire aujourd'hui? Une promenade à pied ou à cheval dans la forêt? Vous avez des courses à faire? C'est jour de marché à Anduze, qui est à 3 km. Pour y aller, c'est tout à fait facile: prenez une bicyclette! Pendant ce temps, vos enfants vont se baigner dans la piscine, qui est chauffée de début juin à mi-septembre.

Après le déjeuner, vous avez envie de visiter la région: le parc national des Cévennes n'est pas loin. Mais si vous préférez rester sur place, un terrain de volley-ball et de pétanque et deux courts de tennis sont à votre disposition.

Vous pouvez même aller passer une journée au bord de la mer: la côte est à moins de cent kilomètres.

Le soir, vous irez peut-être au cinéma ou danser à la discothèque. Et si vous rentrez tard ...? Qu'importe! Vous êtes en vacances.

Votre gîte

Type B: 4 personnes — 2 pièces. 34m²: séjour avec 2 lits d'une personne, 1 chambre avec 2 lits d'une personne.

À votre arrivée, le samedi, à partir de 17h, vous recevrez les clés de votre gîte.

Chaque gîte dispose d'une cuisine entièrement équipée (réfrigérateur, deux plaques électriques, vaisselle et matériel de cuisine) permettant la préparation des repas familiaux (pour les provisions, on peut faire les courses à Anduze, à 3 km).

Vous trouverez les couvertures des lits dans le gîte. Il est possible de louer des draps.

À la fin de votre séjour, il faut laisser libre votre gîte au plus tard pour 9h du matin.

Type B

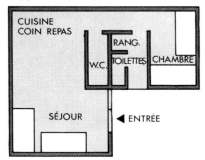

CUISINE
COIN REPAS
RANG.
W.C. TOILETTES CHAMBRE
SÉJOUR ◄ ENTRÉE

1 *Questions: Vos vacances à Anduze*

a Quel temps fait-il?

b À quelle distance du gîte se trouve Anduze?

c Que fait-on pour aller à Anduze?

d Pendant quels mois est-ce qu'on chauffe la piscine?

e Combien de courts de tennis y a-t-il?

f À quelle distance se trouve la mer?

g Le soir, que peut-on faire?

2 *Questions: Votre gîte*

a C'est un gîte pour combien de personnes?

b Quelles pièces y a-t-il?

c Combien de lits y a-t-il?

d Où est-ce qu'on mange?

e Quel jour de la semaine est-ce qu'on arrive?

f Il ne faut pas arriver avant quelle heure?

g Si vous n'avez pas de draps, que faut-il faire?

h À la fin du séjour, à quelle heure faut-il quitter le gîte?

3 Using the information given in the section *Votre gîte*, write a short description of the holiday home. Say what the accommodation consists of, what facilities you have, when you can arrive and when you have to leave at the end of your stay.

4 Imagine that you have been staying in a holiday home at Anduze for the past two days. Using the section of the text *Vos vacances à Anduze* to help you, write an account of what you did yesterday. Say what time you got up, how you spent the morning, what you did for the rest of the day, and when you went to bed. Remember, as it happened *yesterday,* most, if not all, of the verbs will need to be in the Past tense.

Rôle-playing exercises: Booking in at hotels, Youth Hostels and campsites

Imagine that you have gone into a French hotel to book a room for the night. The conversation with the receptionist might go something like this (the *fiche* referred to is the one illustrated: you will probably have to fill one in when you stay in a French hotel).

Réceptionniste:	Bonjour monsieur/mademoiselle.
Vous:	Vous avez une chambre libre, s'il vous plaît?
Réceptionniste:	C'est pour combien de nuits?
Vous:	C'est pour une nuit seulement.
Réceptionniste:	Alors, j'ai une chambre avec douche à 70F.
Vous:	Avez-vous quelque chose de moins cher?
Réceptionniste:	Oui, il y a une chambre au deuxième étage à 50F.
Vous:	Ah, merci, je la prends.
Réceptionniste:	Alors, voulez-vous bien remplir la fiche, s'il vous plaît.
Vous:	Bien sûr.

FICHE D'ÉTRANGER

Nom et adresse de l'établissement:

CH. N°

NOM: RENTHEISTER
Name in capital letters (écrire en majuscules)
Name in Druckschrift

Nom de jeune fille:
Maiden name
Mädchenname

Prénoms: VERA
Christian names
Vornamen

Date de naissance: 2.2.1958
Date of birth
Geburtsdatum

Lieu de naissance: HERNE II
Place of birth
Geburtsort

Domicile habituel: BOCHUM
Permanent address
Gewöhnlicher Wohnort

Profession: ÉTUDIANTE
Occupation
Beruf

NATIONALITÉ ALLEMANDE
Nationality
Nationalität

Date d'arrivée en France: 9.4.81
Date of arrival in France
Einreisedatum in Frankreich

Date probable de sortie: 16.4.81
Probable date of your way out
Voraussichtliches Ausreisedatum

J. Reutweigler, le 9.4.81
Signature
Unterschrift

Nombre d'enfants de moins de 15 ans accompagnant le voyageur
Accompaning children under 15
Zahl der begleitenden Kinder unter 15 Jahren

109187 ORLANDI

For practice, try these. You should:
    take the part of the tourist and work out what he/she will say;
    prepare possible replies;
    check what you have prepared with your teacher;
    practise the conversations, working in pairs.

1 At a hotel
a Ask if there is a room free.
b Say that you want it for a week.
c Ask if it has a shower.
d Agree to take it.

2
a Ask if there is a room free for tonight.
b Ask how much it costs.
c Ask if they have anything cheaper.
d Agree to take it and thank him/her.

3 (A single room is *une chambre pour une personne.*)
a Ask if there is a room free.
b Say you would like a single room.
c Ask which floor it is on.
d Say you would like to stay for two nights.

4 (A room with twin beds is *une chambre avec deux lits* and *included,* in the sense used here, is *compris.*)
a Ask if there is a room with two beds.
b Say you want it for a week.
c Ask how much it costs.
d Ask if breakfast is included.

5 At a Youth Hostel
    (The warden is *le père aubergiste* or *la mère aubergiste* and the dormitory is *le dortoir.*)
a Ask where the warden is.
b Then, when he/she comes, ask if there are two beds free for tonight.
c Ask how much it costs per *(par)* day.
d Ask if you can hire a sleeping bag.
e Ask where the boys' (girls') dormitory is.

6 At a campsite
    (The warden is *le gardien* or *la gardienne.*)
a Ask where the warden is.
b Then, when he/she comes, ask if there are any pitches free.
c Say it is for a caravan and a tent.
d Ask how much it costs per person, per day.
e Ask if you can buy milk at the shop.

Fiche d'étranger
Look back to the *fiche d'étranger* on page 112. It was completed by a German student. Read it through, then answer the questions.
a Comment s'appelle la jeune fille?
b Quelle est la date de son anniversaire?
c Quelle ville est-ce qu'elle habite?
d Qu'est-ce qu'elle fait dans la vie?
e Quelle est sa nationalité?
f Quand est-ce qu'elle est arrivée en France?

On téléphone à un hôtel
You may find that you need to make a hotel booking by telephone. Listen to the following three recorded extracts and note down as much essential information (types of room, prices, dates) as you can.

Your teacher will tell you how many times the tape will be played and when you should start writing.

À l'agence de voyages

Look at the photograph, then answer the questions.

Questions

a Décrivez la femme que vous voyez.
b Où est-ce qu'elle entre?
c Qu'est-ce qu'elle va faire, peut-être?

d Regardez la liste des destinations et des prix: où peut-on aller pour 450F?
e Combien coûte le voyage à Nice?

Hold-up au George-V

Read the following newspaper report of a robbery, then do the exercises:

DEUX MINUTES POUR VOLER 250,000F AU GEORGE-V

Les voleurs, armés et masqués, qui ont commis un hold-up à l'hôtel George-V dimanche matin, connaissaient bien les habitudes de la maison. Ils sont arrivés au moment même où le coffre était ouvert. Butin: 250,000F et des bijoux. Ils ont pris la fuite sans être inquiétés.

7h 10, dimanche dans le hall de l'hôtel George-V. Quelques employés et trois touristes étrangers. Soudain, deux hommes entrent en courant, suivis de deux complices.

'Ils portaient des bas de femme sur le visage,' raconte un témoin, 'et des bonnets de laine rabattus sur le front et les oreilles. L'un d'entre eux avait un fusil à canon scié. Les autres, des pistolets et des revolvers. Celui qui paraissait être le chef s'est dirigé tout de suite vers le comptoir de droite, suivi par deux de ses amis. Il a sauté par-dessus et il a donné un coup de crosse sur la tête de l'employé, François Alberti.'

'L'argent, vite,' a-t-il commandé sèchement.

Le coffre était ouvert. Le voleur a mis les billets de banque dans un grand sac de plage. Un autre disait aux employés: 'Ne bougez pas! Ne dites pas un mot et tout se passera bien.' Durée de l'opération: deux minutes.

1 *Questions*
a What is George-V?
b On what day did the hold-up take place?
c How was the safe when the thieves arrived?
d What did they take besides money?
e Who, besides the thieves, was present at the hold-up?
f How many thieves were there?
g What was one way in which the thieves concealed their identity?
h What did the leader make for as soon as he arrived?
i How did he get over it?
j What did he use to put the banknotes in?
k What was one thing the thief told the employees not to do?
l How long did the hold-up take?

2 Imagine that you were a tourist present at the hold-up. Afterwards, a reporter asks you what happened. As he doesn't speak English, you will need to answer his questions in French!

Journaliste: Comment vous appelez-vous, mademoiselle/monsieur?
Vous: —
Journaliste: Où étiez-vous quand les voleurs sont arrivés?
Vous: —
Journaliste: Qu'est-ce qu'il y avait dans le coffre?
Vous: —
Journaliste: Combien de voleurs y avait-il?
Vous: —
Journaliste: Qu'est-ce qu'ils portaient sur le visage?
Vous: —
Journaliste: Est-ce qu'ils étaient armés?
Vous: —
Journaliste: Le chef, qu'est-ce qu'il a dit à François Alberti?
Vous: —

Journaliste:	Où a-t-il mis l'argent?
Vous:	—
Journaliste:	Combien de temps est-ce que le hold-up a duré?
Vous:	—
Journaliste:	Merci, mademoiselle/ monsieur.

When you have checked your answers with your teacher, practise the dialogue in pairs, taking it in turns to take the parts of the tourist and the reporter.

Composition: *Au bord de la mer*

Using the following outline, write a story of 100–120 words.

L'année dernière vous avez passé les vacances (où?) — vous et votre ami(e), vous avez décidé d'aller à la plage (quel temps faisait-il? qu'est-ce qu'on voyait sur la plage, sur la mer?) — vous avez mis vos maillots de bain — vous avez laissé vos vêtements sur le sable — vous vous êtes baigné(e)s — beaucoup de touristes — vous n'avez pas pu retrouver vos vêtements — après avoir cherché longtemps, qu'est-ce que vous avez fait?

General questions

a Combien de semaines de vacances avez-vous à Pâques? À Noël? En été?
b Est-ce que vous êtes jamais allé(e) au bord de la mer? Où? Quand?
c Qu'est-ce qu'on porte à la plage?
d Comment est-ce qu'on s'amuse au bord de la mer?
e Êtes-vous déjà allé(e) en France? Où? Quand? Avec qui?
f Où va-t-on demander des renseignements dans une ville française?
g Aimez-vous faire du camping?
h Que faut-il avoir pour faire du camping?
i Où avez-vous passé vous vacances l'année dernière? Quel temps faisait-il? Vous vous êtes amusé(e)? Qu'est-ce que vous avez fait?
j Où passerez-vous les grandes vacances cette année? Que ferez-vous?

Complétez

You will hear 10 incomplete statements about various people. Each statement will be played twice. After the second playing, choose which of the four possible endings best completes the statement:

a A s'est assis
  B a traversé la rue
  C a parlé à un agent de police
  D est monté dans l'avion

b A est descendue
  B est montée
  C est arrivée
  D est partie

c A a demandé de l'argent
  B a demandé son nom
  C a demandé l'heure
  D a demandé son chemin

d A est descendue du train
  B est passée sur le quai
  C est sortie de la gare
  D a cherché son argent

e A a bu un verre d'eau
  B a tondu la pelouse
  C a visité le musée
  D a fait la vaisselle

f A faire ses devoirs
  B chanter
  C jouer du piano
  D marcher

g A lui a acheté un cadeau
  B ne lui parlait plus
  C s'est plainte à sa mère
  D est sortie de la maison

h A prendre l'ascenseur
  B prendre l'escalier
  C prendre l'avion
  D prendre l'autobus

i A très tard
  B immédiatement
  C de bonne heure
  D tout le temps

j A chez elle
  B en France
  C à l'école
  D à l'étranger

Where are they?

You will hear 10 short questions or remarks. Each will be played twice. After the second playing, choose which of the four possibilities you think best indicates where the people are:

a A À la Poste
  B À la douane
  C À la consigne
  D À la librairie

b A À une station de Métro
  B Au bord de la mer
  C À l'école
  D Au guichet d'une gare

c A À un camping
  B À un garage
  C À un parking
  D À un marché

d A À une gare
  B À un aéroport
  C À un hôtel
  D À un syndicat d'initiative

e A Dans un avion
  B Dans un taxi
  C Dans un train
  D Dans un jardin

f A Dans un avion
  B Dans une agence de voyages
  C Dans un hôtel
  D Dans une église

g A Dans une voiture
  B Dans un magasin
  C Dans une station de Métro
  D Dans une gare

h A Dans un marché
  B Dans un autobus
  C Dans un cinéma
  D Dans un café

i A À un arrêt d'autobus
  B Dans un train de Métro
  C Dans un taxi
  D À la Tour Eiffel

j A À un hôtel
  B À une auberge de jeunesse
  C À un stade de football
  D À un bureau de poste

La bonne bouche

This advertisement appeared in a French magazine.

a A mistake was made in the printing. What was it?

b As well as full board, what is included in the price of 70F a day?

c Could you take your dog with you?

LONGEVILLE (...).

Pour des vacances agréables et dans le calme, l'HOTEL-BAR-RESTAURANTT « AU FEU DE BOIS », à AMOU dans les LANDES. 3 salles de restaurant, 20 chambres, 1 étoile NN, 60 km mer, 60 km montagne, vous propose sa pension complète à 70 F par jour, boisson et service compris. Bêtes acceptées. Jardin. Coin avec jeux d'enfants. Grand parking. Tél. : (58) 57-00-86 ou écrire à M. et Mme BEYLACQ, RESTAURANT « AU FEU DE BOIS », 40330 AMOU.

Mots essentiels

s'amuser	to have a good time
le(s) bijou(x)	jewel(s)
le chef	chief
le coffre (fort)	safe
le comptoir	counter
le fusil	gun
laisser	to leave, let
se promener faire une promenade	to go for a walk, outing
remplir	to fill
le séjour	stay, living room
le terrain	pitch, ground
le vol	theft
le volet	shutter
le voleur	thief

Teacher's tapescript

The tapescripts for exercises marked  in the Units are given here. Where questions and other items are read **twice**, this is indicated below the title of the exercise. In all other cases, material is read once only. It is suggested that teachers play the exercises in the way they estimate to be most suited to the ability of their class and operate the *pause* and *rewind* facilities on their machine as appropriate.

Unit 1

Cartes d'identité (page 2)

Nom:	Renoir
Prénom:	Auguste
Domicile:	Cannes
Age:	65 ans
Date de naissance:	le 25 février, 1841
Lieu de naissance:	Limoges
Taille:	1m 60
Poids:	59 kg
Cheveux:	gris
Yeux:	bruns
Profession:	peintre

Unit 2

La journée de Martine (page 14)
Aujourd'hui, Martine se réveille à sept heures et quart. Cinq minutes plus tard, elle se lève et se lave dans la salle de bains. Puis, à sept heures et demie, elle rentre dans sa chambre où elle s'habille. À huit heures moins vingt, elle prend le petit déjeuner. Elle part pour l'école à huit heures. Elle arrive à neuf heures moins le quart.

Unit 3

La chambre de van Gogh: questions
(page 27)
Each question is read twice.
a Combien de portes y a-t-il?
b De quelle couleur sont les draps?
c Où sont les oreillers?
d Combien de tables voyez-vous?
e Où est le miroir?
f Qu'est-ce qu'il y a entre le lit et la table?
g Qu'est-ce qu'il y a au mur de droite?
h Où se trouvent les vêtements de van Gogh?

Maison à vendre: vrai ou faux? (page 30)
Each statement is read twice.
a Le salon se trouve au rez-de-chaussée. (V)
b La cave se trouve au premier étage. (F)
c Il y a quatre chambres. (F)
d Le garage est à côté de la cave. (V)
e La cuisine est à droite de l'entrée. (V)
f La salle à manger est à gauche du cabinet de toilette. (F)
g Le garage est au sous-sol. (V)
h La salle de bains est à côté du salon. (F)

Unit 4

Un emploi du temps: oui ou non? (page 35)
Each statement is read twice.
a Votre premier cours le lundi, c'est le français. (O)
b Votre dernier cours le samedi, c'est la musique. (N)
c Le vendredi vous avez cinq cours. (N)
d Le samedi vous avez quatre cours. (O)
e Vos cours commencent à huit heures du matin. (O)
f Vous allez à l'école le mercredi. (N)
g Le mardi, vos cours finissent à quatre heures. (N)

h Vous avez trois heures d'éducation physique par semaine. (O)

Unit 5

'Le monde du travail' (see Unit 5, page 44 for text)

Unit 6

Définitions (page 54)
a Il travaille à la gare, où il porte les bagages des voyageurs.
b Elle travaille dans un magasin, où elle vend de la marchandise.
c Il répare les voitures dans un garage.
d C'est un homme ou une femme qui donne des cours à l'école.
e Cette personne s'occupe des cheveux de ses clientes.
f Il travaille à la campagne: il cultive les champs.
g Cette personne vient vous voir quand vous êtes malade.
h Il vous apporte des lettres à la maison.

Au salon: questions (page 55)
Each question is read twice.
a Où se passe cette scène?
b Nommez quatre meubles que vous voyez.
c Où est le chien?
d Que fait-il?
e Combien de personnes voyez-vous?
f Décrivez le monsieur qui est debout.
g Que fait le garçon?
h Qui est assis dans le fauteuil?
i Où est le téléviseur?
j Décrivez la femme qui entre.

Unit 7

La ville: oui ou non? (page 70)
Each statement is read twice.
a La Poste se trouve rue Pascal. (O)
b Le marché se trouve à côté du collège. (N)
c La piscine se trouve près de la rivière. (O)
d La gare se trouve rue Maréchal Foch. (N)
e Le Pont Neuf traverse le chemin de fer. (N)

f Le café se trouve en face du Cinéma Rex. (O)

La ville: questions (page 70)
a Où se trouve l'Hôtel de la Paix?
b Où se trouve le collège?
c Où se trouve le Cinéma Rex?
d Où se trouve la Poste?
e Où se trouve le quai Victor Hugo?

La ville: qu'est-ce qu'il y a? (page 70)
a Vous êtes devant la gare. Traversez la rue St Rémy et prenez la rue de Verdun. Traversez la Place Napoléon et continuez le long de la rue Maréchal Foch. Qu'est-ce qu'il y a à gauche, après l'église?
b Vous sortez de la piscine et tournez à droite. Prenez la première rue à gauche, puis la deuxième à gauche. Qu'est-ce qu'il y a à droite?
c Vous sortez du Café du Centre et tournez à droite. Quand vous arrivez au Boulevard Voltaire, tournez à droite, puis prenez la première rue à gauche. Pour sortir de la Place Napoléon prenez la première rue à gauche. Qu'est-ce qu'il y a à droite?

Automobilistes, attention! (page 70)
Automobilistes parisiens, attention!
Certaines voies sont fermées pendant le mois de décembre. Voici les détails:
— la rue Bonaparte:
du mardi 9 à 14 heures au mercredi 10 à 5 heures du matin.
— l'avenue d'Italie, entre la Place d'Italie et la rue de Tolbiac:
du lundi 15 à 18 heures 45 au mardi 16 à 5 heures du matin.
— chaussée extérieure du boulevard Mortier entre la Porte de Bagnolet et la Porte des Lilas:
du jeudi 18 à 20 heures au vendredi 19 à 6 heures du matin

Unit 8

Dans une gare (page 76)
Voici une gare française assez typique.
Devant la gare on voit des taxis qui attendent l'arrivée des voyageurs. Voyez-

vous la femme qui appelle un taxi pour l'emmener chez elle? On voit aussi un car qui arrive et des voitures qui sont dans le parking. Juste devant l'entrée un voyageur est en train de descendre d'un taxi. Qu'est-ce qu'il va faire, cet homme? Imaginons . . . Eh bien, tout d'abord il paie le chauffeur du taxi. Puis il prend sa valise et entre dans la gare. Il va tout de suite acheter son billet au guichet, puis se retourne pour consulter les horaires des trains. Son train part dans un quart d'heure, alors il n'est pas pressé. Il a le temps d'acheter un journal et des cigarettes à la librairie-tabac. Sa valise est assez lourde: va-t-il la laisser à la consigne ou à la consigne automatique? Va-t-il peut-être attendre dans la salle d'attente? Non, il prend sa valise et entre dans le buffet. Il s'assied derrière une table et demande un café crème qu'il boit en lisant son journal. Quand il a fini son café, il se lève. Il ne peut pas passer directement sur le quai: il doit retourner dans la salle des pas perdus où se trouve le composteur des billets. Voilà son train qui arrive en gare. Le voyageur composte son billet, passe rapidement sur le quai et prend le passage souterrain pour gagner le quai du départ. Il monte dans le train et trouve une place libre. Son voyage commence.

(End of Side One.)

Unit 9

À la gare: questions sur la photo (page 86)
Each question is read twice.
a Où se passe cette scène?
b L'homme à droite, que porte-t-il à la main?
c Que fait-il?
d Que voyez-vous derrière l'homme à droite?
e L'employé, qu'est-ce qu'il regarde?
f L'homme qui se trouve à gauche, qu'est-ce qu'il porte à la main?
g Quels vêtements porte-t-il?
h Qu'est-ce qu'il y a derrière cet homme?

Le voyage de M Lenoir (page 89)
M Lenoir a quitté sa maison à sept heures et demie. Il a dit 'au revoir, chérie' à sa femme. Ce matin, il a décidé de prendre l'autobus pour aller à la gare. Il a attendu à l'arrêt et l'autobus est arrivé à huit heures moins le quart. En arrivant à la gare, il est allé au guichet pour acheter son billet. Il a demandé un aller et retour pour Amiens à l'employé et il a payé cent francs. En attendant le train, il a posé sa valise sur le quai. À huit heures et quart, le train est entré en gare et M Lenoir est monté dans un compartiment. Le train est arrivé pour Amiens à dix heures moins vingt. M Lenoir est descendu et il a donné sa valise à un porteur. Ensuite, il est sorti de la gare et il a pris un taxi pour aller à son hôtel. 'L'hôtel Beauséjour, s'il vous plaît,' a-t-il dit au chauffeur de taxi.

On prend le train (page 91)
a Le train pour Marseille arrive à onze heures vingt, quai numéro neuf. Ce train possède un wagon-restaurant.
b Le prochain train pour Bordeaux arrive à treize heures cinq, quai numéro quatorze. Il est direct pour Bordeaux.
c Le train pour Meaux arrive à dix-huit heures quarante-cinq, quai numéro quatre. Le train arrive à Meaux à vingt heures dix.

On prend l'avion (page 91)
a Les passagers du vol Air Inter 029 à destination de Marseille sont priés de se présenter immédiatement au bureau de renseignements. Embarquement à neuf heures quinze, porte numéro cinq.
b Les passagers du vol Air France 924 à destination de Bruxelles sont priés d'aller au contrôle des passeports. Embarquement immédiat, porte numéro seize.
c Attention s'il vous plaît. Tous les passengers du vol Air France 814 à destination de Londres sont priés d'aller directement au contrôle de la douane. Embarquement à six heures, porte numéro treize.

Les passagers se plaignent (page 92)
Orly, mardi

Mécontents des conditions dans lesquelles ils ont voyagé, tous les passagers du vol Air France 632 à destination de Rome ont signé une pétition qu'ils ont adressée au directeur général de la compagnie.

À cause d'une grève surprise du personnel à terre, le départ a eu lieu avec deux heures de retard. Les passagers se plaignent aussi de l'avion: un vieux 'Vanguard' à hélices au lieu d'une 'Caravelle 3'. Le voyage a été lent (trois heures de voyage au lieu de deux heures) et inconfortable.

En conséquence, ils demandent un remboursement de 50% du prix du billet. À Air France, on déclare qu'il est complètement hors de question de rembourser l'argent.

La bonne bouche: Jeu de mémoire
(page 92)
Une carte postale de Carcassonne
Un ticket de Métro-Autobus
Une boîte d'allumettes
Un paquet de cigarettes Gauloises
Un billet de banque de cinquante francs
Un aller et retour Paris–Meaux, deuxième
  classe
Une lettre
Deux tickets de cinéma
Un plan du Métro parisien
Un horaire SNCF
Quatre pièces de monnaie

Unit 11

Adresses et numéros de téléphone
(page 105)
a 16, avenue Général-de-Gaulle
  Téléphone: 36.25.90
b 10, Place du Marché
  Téléphone: 05.52.63
c 2, rue Notre Dame
  Téléphone: 433.02.26
d 49, boulevard Victor Hugo
  Téléphone: 37.19.77

Météo (page 106)
'Et maintenant, à 20 heures 30, les prévisions du temps avec Jacques Bertrand.'

'Merci. Alors, j'ai de bonnes nouvelles pour tous ceux qui sont en vacances dans le Midi: demain, il fera chaud, jusqu'à 29⁰, à Nice et sur la Côte d'Azur.
'Mais malheureusement, ailleurs, c'est une autre histoire. À l'est du pays la matinée sera ensoleillée, mais les nuages deviendront plus nombreux l'après-midi et le soir.
'Sur l'ouest du pays, le temps sera très nuageux le matin, avec des pluies. Au cours de la journée, le temps s'améliorera progressivement avec moins de pluie et plus de soleil. Mais, près de la Manche et en Bretagne, la pluie durera jusqu'au soir.
'Le nord et la région parisienne auront un temps couvert, brumeux et souvent pluvieux.
'En général, les températures demeureront relativement basses pour cette époque de l'année. Le thermomètre ne dépassera pas 17° dans le nord et 20° dans l'est.'

Unit 12

On téléphone à un hôtel (page 113)
a Chambre pour une personne 40F
  Chambre pour une personne avec douche 65F
  Libre du 18 juillet au 25 juillet
b Chambre pour deux personnes 60F
  Chambre pour deux personnes avec salle de bains 100F
  Pension complète 150F
  Demi-pension 90F
  Libre du 3 août au 17 août
c 'Allô … non, mademoiselle, je regrette, mais je n'ai plus de chambres avec douche. … Oui, j'ai une chambre pour deux personnes sans douche … 60F par jour, 80F avec petit déjeuner pour deux personnes. … À quelle date pensez-vous arriver? … Le 23 mars? Alors, ça va, j'ai une chambre libre. Combien de temps voulez-vous rester? … Trois jours? Oui, ça va. Très bien mademoiselle, au revoir mademoiselle.'

Complétez (page 116)
Each statement is read twice.
a Philippe a regardé à droite et à gauche, puis il …

b Le taxi s'est arrêté. Madeleine a ouvert la porte et elle ...
c Paul était perdu. Il s'est approché d'un passant et il ...
d Après avoir composté son billet, Marie-France ...
e Yvonne avait soif, alors elle ...
f Roger s'est blessé à la jambe droite: il trouve très difficile de ...
g C'était l'anniversaire de son frère, alors Claudette ...
h Il n'y avait pas d'ascenseur dans l'immeuble; tout le monde devait ...
i Pour arriver à l'école à temps, les élèves se levaient ...
j Martine vient de rentrer en France; elle a passé ses vacances ...

Where are they? (page 117)
Each question/remark is read twice.
a Avez-vous quelque chose à déclarer, mademoiselle?

b Voulez-vous un aller et retour ou un aller simple?
c Avez-vous un emplacement pour une tente et une voiture?
d Avant de monter dans votre chambre, voulez-vous bien remplir cette fiche d'étranger, monsieur?
e Mais, mademoiselle, je vois que vous n'avez pas composté votre billet!
f Oui, vous pouvez faire la traversée en bateau, madame, mais l'aéroglisseur est beaucoup plus rapide.
g La consigne automatique? Elle est là-bas, monsieur, en face des guichets.
h Oh là là, toutes les places sont occupées – il nous faudra voyager debout!
i Pour aller à la Tour Eiffel, il faut descendre à la prochaine station.
j Oui, monsieur, vous pouvez louer un sac de couchage.

Days, months, numbers

Les jours de la semaine

lundi, mardi, mercredi, jeudi, vendredi, samedi, dimanche.

Les mois de l'année

janvier, février, mars, avril, mai, juin, juillet, août, septembre, octobre, novembre, décembre

Les numéros

1	un, une	15	quinze	40	quarante	81	quatre-vingt-un
2	deux	16	seize	41	quarante et un	82	quatre-vingt-deux
3	trois	17	dix-sept	42	quarante-deux	90	quatre-vingt-dix
4	quatre	18	dix-huit	50	cinquante	91	quatre-vingt-onze
5	cinq	19	dix-neuf	51	cinquante et un	92	quatre-vingt-douze
6	six	20	vingt	52	cinquante-deux	100	cent
7	sept	21	vingt et un	60	soixante	101	cent un
8	huit	22	vingt-deux	61	soixante et un	102	cent deux
9	neuf	23	vingt-trois	62	soixante-deux	200	deux cents
10	dix		etc.	70	soixante-dix	350	trois cent cinquante
11	onze	30	trente	71	soixante et onze	1000	mille
12	douze	31	trente et un	72	soixante-douze	4000	quatre mille
13	treize	32	trente-deux	80	quatre-vingts	1,000,000	un million
14	quatorze						

Reference grammar

Nouns

Gender
1 Nouns in French are either masculine or feminine, though a few can be either, depending on the sex of the person, e.g.

un/une enfant   (a child)
un/une élève   (a pupil)
un/une professeur   (a teacher)

2 Some masculine nouns, particularly those denoting occupations, have feminine forms, e.g. un boulanger (a baker) ... une boulangère
un directeur (a headmaster) ... une directrice
un marchand (a shopkeeper) ...
     ... une marchande

Plurals
1 Normally, as in English, nouns in French take -s in the plural, e.g.

la porte (the door) ... les portes

2 But when the noun ends in -s, -x or -z, no extra -s is needed, e.g.

le bois (the wood) ... les bois
la voix (the voice) ... les voix
le nez (the nose) ... les nez

3 Nouns ending in -eau, -eu and some in -ou take -x in the plural, e.g.

le château (the castle) ... les châteaux
le neveu (the nephew) ... les neveux
le bijou (the jewel) ... les bijoux

4 Nouns ending in -al change their ending to -aux, e.g.

le cheval (the horse) ... les chevaux

Note the odd plural form of l'oeil (the eye): it is les yeux. Note also the following:

monsieur ... messieurs
madame ... mesdames
mademoiselle ... mesdemoiselles

Articles

Definite article: le, la, l', les
It is used like *the* in English, e.g.
'Jean, regarde *le* bateau!' (the boat)
It is also used in general statements, e.g.
Je n'aime pas *le* fromage. (I don't like cheese)
Les Français conduisent à droite. (French people drive on the right).
and with days, e.g.
Le mercredi, les élèves français ne vont pas en classe. (On Wednesdays ...)

Indefinite article: *un, une*
It is used like *a* or *an* in English, e.g.
Janine portait *un* pull et *une* jupe.
(a jumper and a skirt).
For the omission of the Indefinite article with professions, see Unit 5, page 45.

Partitive article: *du, de la, de l', des*
It is used like *some* or *any* in English, e.g.
J'ai acheté *du* lait, *de la* confiture et *des* oeufs. (some milk, some jam and some eggs)
Avez-vous *du* fromage italien? (any Italian cheese)
After negatives, *du, de la, de l'* and *des* all become *de*, e.g.
J'ai des abricots, mais je n'ai pas *de* pêches. (I haven't any peaches)
Robert ne boit jamais *de* vin. (Robert never drinks any wine)

Adjectives

Introduced in Unit 1, page 5

All types of adjectives describe nouns or pronouns, and in French have to agree with what they are describing: they are masculine, feminine, singular or plural, as required.

Feminines

1 Normally to make an adjective feminine, add -*e* to the masculine form when there is no -*e* there already, e.g.

       brun ... brun*e* (brown)
  but rouge ... rouge (red)

2 Sometimes you have to double the last letter before adding -*e*, e.g.

    gentil ... genti*lle* (nice, kind)
    bon ... bon*ne* (good)
    épais ... épais*se* (thick)

3 Sometimes a grave accent is added, as well as -*e*, e.g.

    premier ... premi*ère* (first)
    dernier ... derni*ère* (last)
    cher ... ch*ère* (dear)

4 Adjectives ending in -*eux* change to -*euse*, e.g.

    heureux ... heur*euse* (happy)
    dangereux ... danger*euse* (dangerous)

5 Sometimes, though, the adjective does not belong to any type, and the feminine form has to be remembered on its own, e.g.

    beau (*bel* before a vowel) ... belle (fine, beautiful)
    nouveau (*nouvel* before a vowel) ... nouvelle (new)
    vieux (*vieil* before a vowel) ... vieille (old)
    blanc ... blanche (white)
    doux ... douce (soft, sweet)
    favori ... favorite (favourite)
    frais ... fraîche (fresh)
    long ... longue (long)
    neuf ... neuve (brand new)
    sec ... sèche (dry)

Plurals

1 Normally to make an adjective plural, add -*s* on to the singular form when there is no -*s* or -*x* there already, e.g.

    noir ... noir*s* (noir*e* ... noire*s*) (black) *but*
    gros ... gros (grosse ... grosse*s*) (big, fat)
    heureux ... heureux (heureuse ... heureuse*s*)
     (happy)

2 Adjectives ending in -*al* become -*aux* in the plural, e.g.

    génér*al* ... génér*aux* (general)
    princip*al* ... princip*aux* (main)

Position

Most adjectives come after the word they describe, e.g.

    un livre *intéressant* (an interesting book)
    la rue *principale* (the main street)

However some shorter, more common ones come in front, e.g.

beau (fine, beautiful)	haut (high)	mauvais (bad)
	jeune (young)	nouveau (new)
bon (good)	joli (pretty)	petit (small)
grand (tall)	long (long)	vieux (old)
gros (big, fat)		

Comparisons

Introduced in Unit 7, page 63.

plus ... que	(more ... than)
moins ... que	(less ... than)
aussi ... que	(as ... as)

Note: meilleur ... que (better ... than)

Superlatives

Introduced in Unit 8, page 75.

    le plus ... (the most .../the ... -est)
    le moins ... (the least ...)

Note: le meilleur/la meilleure, etc. (the best)
When the adjective goes after the noun, as most do, *le plus/le moins* ... also go after it, e.g.

    un livre *intéressant*
    le livre *le plus intéressant* (the most interesting book)

When the adjective goes before the noun, *le plus/le moins* also go in front, e.g.

    la *belle* robe
    la *plus belle* robe (the most beautiful dress)

Possessive adjectives (mon, ma, mes, etc.) Introduced in Unit 2, page 17.

Demonstrative adjectives (ce, cet, cette, ces) Introduced in Unit 1, page 5.

Indefinite adjectives

The most common are:
  quelque(s) (some)
  plusieurs (several)*
  chaque (each)*
  même (same)
  autre (other)
  tout ... toute
  tous ... toutes } (all)

*Note that this word never changes

Adverbs

Revised in Book 2, but they appear throughout this book.

Just as adjectives describe things and people, adverbs describe actions by saying when, where or how they take place. They are often recognized in English by -ly (happily, generally, etc.). In French they often end in -ment and are formed by adding this ending to the feminine singular form of the adjective, e.g.
  heureuse ... heureusement
  générale ... généralement
Many of the commonest adverbs, however, have to be learnt on their own, e.g.

beaucoup (a lot)	même (even)
bien (well)	souvent (often)
maintenant (now)	vite (quickly)
mal (badly)	

In French, adverbs usually go after the verb, e.g.
  Je mange *souvent* des pommes frites.
    (I often eat chips)
  Elle aime *beaucoup* les pêches.
    (She likes peaches a lot)

Intensifiers

These are words or phrases which make the adjective (or adverb) stronger or weaker. The most common are:
  très
  bien } (very)
  fort
  assez (quite)
  peu (little, not very)
  un peu (a little)

  tout à fait (completely)
  extrêmement (extremely)
  presque (almost)
  si
  tellement } (so)

Negatives Introduced in Unit 2, page 23.

1 ne ... pas (not) e.g. On *ne* travaille *pas* le dimanche. (You don't work on Sundays.)
  ne ... jamais (never), e.g. Je *ne* fume *jamais*; je *n*'ai *jamais* fumé. (I never smoke; I've never smoked.)
  ne ... plus (no longer), e.g. Les Dupont *n*'habitent *plus* Paris. (The Duponts don't live in Paris any longer.)
  ne ... rien (nothing.), e.g. Je *ne* vois *rien*. (I can see nothing)
  ne ... personne (no one), e.g. Je *ne* connais *personne* à Rouen. (I know no one in Rouen.)
  ne ... ni ... ni (neither ... nor), e.g. Elle *ne* parle *ni* italien *ni* espagnol. (She speaks neither Italian nor Spanish.)

2 When *nothing* and *no one* are subject of the verb, *rien* and *personne* come first, e.g.
  Rien n'a changé. (Nothing's changed)
  Personne ne les aime. (No one likes them)

3 *Rien, personne* and *jamais* can also be used alone to answer questions, e.g.
  Voyez-vous quelqu'un? — Non, *personne*. (No one)
  Êtes-vous déjà allé en Norvège? — Non, *jamais*. (Never)
  Qu'est-ce que vous faites? — *Rien*. (Nothing)

Exclamations with Comme/Que ... ! (How ... !) Introduced in Unit 3, page 30.

Pronouns

Subject pronouns
These indicate who or what is doing the action of the verb:

je	nous
tu	vous
il/elle	ils/elles
*on	

*For details of how to use 'on', see Unit 2, page 15.

Subject pronouns normally come before the verb (*il* mange, *nous* allons, etc.), but may come after in questions, in which case they are linked to the verb by a hyphen (or -t-), e.g.

parlez-*vous* français?
danse-*t-elle* bien?

Indirect Object pronouns
Introduced in Unit 5, page 49.

Usually equivalent to English *to me, to you,* etc:

me	nous
te	vous
lui	leur

e.g.
Je *leur* envoie une carte tous les ans.
(I send them (i.e. to them) a card . . .)

Direct Object pronouns
Introduced in Unit 4, page 39.

These indicate who or what is on the receiving end of the action of the verb:

me	nous
te	vous
le/la	les
se	se

e.g.
Pierre Dupont? Je *le* connais. (I know him)
Je connais ses parents, mais je ne *les* aime pas. (I don't like them)

Position of Object pronouns
Introduced in Unit 5, page 50.

They normally come before the verb, as in the examples above. Where two pronouns are used before the verb, they come in this order:

me					
te	le	lui			
se	la	leur	*y	en	VERB
nous	les				
vous					

e.g.
Si je trouve le bracelet que tu as perdu, je *te l'*enverrai. (I'll send it to you)

---

*For details of how to use *y* see Unit 11, page 98.

Object pronouns come *after* the verb in positive commands, e.g.

Tu as laissé la porte ouverte; ferme-*la*!
(close it!)

When *two* object pronouns come after the verb in this way, the order is as in English, e.g.

Donne-*le-lui*! (Give it to him/her!)

Note that *me* and *te* become *moi* and *toi* when they come after the verb, e.g.

Regardez-*moi*! (Watch me!)
Amuse-*toi* bien! (Enjoy yourself!)

Disjunctive pronouns (sometimes called Emphatic pronouns)

Both Subject and Object pronouns come close to the verb. Disjunctive pronouns often stand some way away from it. They are:

moi	nous
toi	vous
lui	eux
elle	elles

Uses

1 In one-word answers, e.g.
Qui a fini? — *Moi*!

2 After prepositions, e.g.
J'irai au cinéma *avec eux*. (with them)
Je viendrai *chez toi* demain. (to your house)

When used with *à*, Disjunctive pronouns indicate possession, e.g.
Ce stylo est *à moi*. (is mine)
Et cette règle est *à elle*. (is hers)

3 For emphasis, e.g.
Moi, je suis allé en Suisse. (*I* went to Switzerland)
Mais je ne l'ai pas fait, *moi*! (*I* didn't do it!)

4 After the verb *être*, e.g.
Qui m'a envoyé cette carte? — *C'est moi*, monsieur. (I did)

5 Combined with *-même/-mêmes* to mean *-self/-selves*, e.g.
Tu ne veux pas y aller pour moi? Alors j'irai *moi-même*. (I'll go myself)
Regarde ce bureau; papa l'a fait *lui-même*. (Dad máde it himself)

Demonstrative pronouns

1 Ceci/cela (this/that) can be either subject or object of the verb, e.g.

Regardez *ceci*. (Look at this)

Cela m'a surpris. (That surprised me)

In conversation, *cela* is often shortened to *ça*, e.g.

Ça coûte combien? (How much does that cost?)

Il est toujours comme *ça*. (He's always like that)

2 Ce qui/ce que (what)

usually occurs in the middle of a sentence, e.g.

Il m'a raconté *ce qui* s'est passé. (He told me what happened)

Je ne comprends pas *ce que* vous voulez dire. (I don't understand what you mean)

Relative pronouns

Qui/que(qu') (who/whom/which). Introduced in Unit 4, page 38.

Interrogative pronouns

1 Qui/Qui est-ce qui ... ? (Who ... ?), e.g.

Qui est là? or

Qui est-ce qui est là? (Who is there?).

2 Qui/Qui est-ce que ... ? (whom ... ?) e.g.

Qui voyez-vous? or

Qui est-ce que vous voyez? (Whom do you see?).

3 Qu'est-ce qui ... ? (What ... ? as subject of the verb), e.g.

Qu'est-ce qui se passe? (What's going on?)

4 Que/Qu'est-ce que ...? (What ... ? as object of the verb), e.g.

Que faites-vous? or

Qu'est-ce que vous faites? (What are you doing?)

Tenses

The Present

Introduced in Unit 1, page 7.

Form

1 Regular. There are three types, formed by removing -*er*, -*ir*, -*re* from the Infinitive and adding endings as follows:

-ER

je donn*e*	nous donn*ons*
tu donn*es*	vous donn*ez*
il/elle donn*e*	ils/elles donn*ent*

-IR

je fin*is*	nous fin*issons*
tu fin*is*	vous fin*issez*
il/elle fin*it*	ils/elles fin*issent*

-RE

j'attend*s*	nous attend*ons*
tu attend*s*	vous attend*ez*
il/elle attend	ils/elles attend*ent*

2 Irregular. For irregular Present tenses, see Verb Table, page 127.

Use

To describe present situations, to indicate actions which are happening now or which happen all the time.

With *depuis*, to indicate that something *has been* happening, and *still is* (see Unit 4, page 41)

English equivalent

e.g. il donne: he gives, he is giving

The Future

Introduced in Unit 5, page 46.

(The Future can also be expressed with the Present of *aller* followed by an Infinitive — see Unit 3, page 28.)

Form

The Future is formed by adding endings on to a stem, usually the Infinitive. In the case of -*re* verbs, the final -*e* is removed before the endings are added. A list of some irregular stems appears in Unit 5, page 47. Whether the verb is regular or irregular, the endings are always the same. They are:

-ai	-ons
-as	-ez
-a	-ont

Use

To refer to future events and actions, even though in English the verb may be in the Present:

Quand je *quitterai* l'école, je travaillerai
dans un magasin.
When I *leave* school, I'll work in a shop.

English equivalent
e.g. il donnera: he will give

The Perfect (sometimes called the *passé composé*)
Introduced in
Unit 7, page 65 (*avoir* verbs in *-er*)
Unit 8, page 80 (*avoir* verbs in *-ir, -re* and
irregulars)
Unit 9, page 85 (*être* verbs: *aller*, etc.)
Unit 11, page 103 (*être* verbs: reflexives)
There are two groups of Perfect tenses,
those with *avoir* and those with *être*.

Form
1 Regular past participles are formed by
removing *-er, -ir, -re* and adding *-é, -i, -u*:
j'ai donné
j'ai fini
j'ai attendu

2 Irregular past participles appear in the
Verb Table.

3 Past participles of verbs taking *être* have to
agree, just like adjectives. There are two types
of *être* verbs:
a *all* reflexive verbs, e.g. elle s'est levée,
nous nous sommes promenés;
b others, usually verbs of movement. See
Unit 9, page 85).

Use
To refer to *completed* actions in the past.

English equivalent
e.g. il a donné: he gave, he has given

The Imperfect
Introduced in Unit 12, page 109 (for description and continuous action).

Form
The Imperfect is formed by removing *-ons*
from the *nous* part of the Present and adding
these endings:

-ais	-ions
-ais	-iez
-ait	-aient

The only irregular form is the Imperfect of
être (j'étais, tu étais, etc.).

Use
1. For descriptions in the past.
2. For continuous action in the past.

English equivalent
1. Il était charmant (He was charming)
2. Elle regardait la télévision quand soudain …
(She was watching television when
suddenly …)

Imperatives
Introduced in Unit 5, page 51.
In addition to the *vous* form, which is
described in Unit 5, there are two more forms
of the imperative:
1 For persons you call *tu*, take the 2nd person
singular of the Present tense and leave out
the *tu*, e.g.
Fais tes devoirs, Alain!
However, if the letter before the final *-s* is *e* or
a, leave off the *-s*, e.g.
Regarde, le match va commencer!
Paul, *ouvre* la fenêtre!
Le train arrive: *va* vite!

2 To say *Let's ...,* take the 1st person plural of
the Present tense and leave out the *nous*, e.g.
Allons au cinéma ce soir. (Let's go ...)

Reflexive verbs
Present tense introduced in Unit 2, page 14.
Perfect tense introduced in Unit 11, page 103.

Avoir expressions
Introduced in Unit 5, page 52.
In many, though not quite all, of these
expressions, the French use *avoir* (to have)
when we use *to be* in English:
avoir chaud (to be hot) -but use il *fait* chaud
for the weather

129

avoir froid (to be cold)

avoir faim (to be hungry)
avoir soif (to be thirsty)

avoir raison (to be right)
avoir tort (to be wrong)

avoir de la chance (to be lucky)
avoir sommeil (to be sleepy)
avoir peur de (to be afraid of)
avoir lieu (to take place)
avoir besoin de (to need)
avoir envie de (to feel like, to want to)

Verbs followed by Infinitives
Introduced in Unit 7, page 67.

de
décider (to decide)
cesser (to stop)
empêcher (to prevent)
essayer (to try)
oublier (to forget)
refuser (to refuse)

à
commencer (to begin)
aider (to help)
apprendre (to learn)
inviter (to invite)
réussir (to succeed)

nothing
aller (to go)
aimer (to like)
devoir (to have to)
espérer (to hope)
pouvoir (to be able)
préférer (to prefer)
savoir (to know)
vouloir (to want)

e.g. Regarde, il a cessé *de* pleuvoir ...
et le soleil commence *à* briller enfin.
Veux-tu sortir, ou préfères-tu rester dans
la maison?

Venir de ...
Introduced in Unit 8, page 77.

Être en train de ...
Introduced in Unit 3, page 28.

Après avoir/être ...
Introduced in Unit 11, page 98.

-er verbs with irregularities

1 Verbs ending in *-cer* (e.g. commencer) and
-ger (e.g. manger) have *-ç-* and *-ge-* before *a, o*
and *u*. For example:
je commence *but* nous commençons
il mange *but* il mangeait

2 Appeler, jeter and lever have *-ll-, -tt-* and *-è-*
in all parts of the Present tense except *nous*
and *vous* and throughout the Future. For
example:
nous appelons *but* il appe*ll*e
nous jetons *but* nous je*tt*erons
vous levez *but* ils lèvent

3 Préférer has irregularities in the Present
tense only:

je préfère	nous préférons
tu préfères	vous préférez
il/elle préfère	ils/elles préfèrent

VERB TABLE

Verb	Present	Future	Past Participle
Aller (to go)	je vais, tu vas, il va nous allons, vous allez, ils vont	j'irai, etc.	allé
Avoir (to have)	j'ai, tu as, il a nous avons, vous avez, ils ont	j'aurai, etc.	eu
Boire (to drink)	je bois, tu bois, il boit nous buvons, vous buvez, ils boivent	je boirai, etc.	bu
Connaître (to know people and places)	je connais, tu connais, il connaît, nous connaissons, vous connaissez, ils connaissent	je connaîtrai, etc.	connu
Courir (to run)	je cours, tu cours, il court, nous courons, vous courez, ils courent	je courrai, etc.	couru
Croire (to think, believe)	je crois, tu crois, il croit, nous croyons, vous croyez, ils croient	je croirai, etc.	cru
Devoir (to have to, to owe)	je dois, tu dois, il doit, nous devons, vous devez, ils doivent	je devrai, etc.	dû
Dire (to say, tell)	je dis, tu dis, il dit, nous disons, vous dites, ils disent	je dirai, etc.	dit
Dormir (to sleep)	je dors, tu dors, il dort, nous dormons, vous dormez, ils dorment	je dormirai, etc.	dormi
Écrire (to write)	j'écris, tu écris, il écrit, nous écrivons, vous écrivez, ils écrivent	j'écrirai, etc.	écrit
Envoyer (to send)	j'envoie, tu envoies, il envoie, nous envoyons, vous envoyez, ils envoient	j'enverrai, etc.	envoyé
Être (to be)	je suis, tu es, il est, nous sommes, vous êtes, ils sont	je serai, etc.	été
Faire (to make, do)	je fais, tu fais, il fait, nous faisons, vous faites, ils font	je ferai, etc.	fait
Lire (to read)	je lis, tu lis, il lit, nous lisons, vous lisez, ils lisent	je lirai, etc.	lu

VERB TABLE

Verb	Present	Future	Past Participle
Mettre (to put, put on)	je mets, tu mets, il met, nous mettons, vous mettez, ils mettent	je mettrai, etc.	mis
Ouvrir (to open)	j'ouvre, tu ouvres, il ouvre, nous ouvrons, vous ouvrez, ils ouvrent	j'ouvrirai, etc.	ouvert
Partir (to leave)	je pars, tu pars, il part, nous partons, vous partez, ils partent	je partirai, etc.	parti
Pouvoir (to be able)	je peux, tu peux, il peut, nous pouvons, vous pouvez, ils peuvent	je pourrai, etc.	pu
Prendre (to take)	je prends, tu prends, il prend, nous prenons, vous prenez, ils prennent	je prendrai, etc.	pris
Recevoir (to receive)	je reçois, tu reçois, il reçoit, nous recevons, vous recevez, ils reçoivent	je recevrai, etc.	reçu
Rire (to laugh)	je ris, tu ris, il rit, nous rions, vous riez, ils rient	je rirai, etc.	ri
Savoir (to know)	je sais, tu sais, il sait, nous savons, vous savez, ils savent	je saurai, etc.	su
Sortir (to go out)	je sors, tu sors, il sort, nous sortons, vous sortez, ils sortent	je sortirai, etc.	sorti
Suivre (to follow)	je suis, tu suis, il suit, nous suivons, vous suivez, ils suivent	je suivrai, etc.	suivi
Venir (to come)	je viens, tu viens, il vient, nous venons, vous venez, ils viennent	je viendrai, etc.	venu
Voir (to see)	je vois, tu vois, il voit, nous voyons, vous voyez, ils voient	je verrai, etc.	vu
Vouloir (to want)	je veux, tu veux, il veut, nous voulons, vous voulez, ils veulent	je voudrai, etc.	voulu

French-English vocabulary

Note This vocabulary has been compiled so that the meanings of French words appearing in the Units may be easily checked. The English equivalents given are therefore limited to those which are appropriate to context.

une abbaye	abbey
un accueil	welcome
acheter	to buy
adieu!	farewell!
s'adonner à	to take part in
un aéroglisseur	hovercraft
un aéroport	airport
afficher	to stick up (posters)
une agence de voyages	travel agent's
ailleurs	elsewhere
aimable	pleasant, nice
ainsi que	as well as
l'Allemagne(f)	Germany
allemand	German
un (billet d') aller	
et retour	return ticket
(bien) s'amuser	to have a good time
un an	year
anglais	English
l'Angleterre (f)	England
une année	year
un anniversaire	birthday
un appartement	flat
apprendre	to learn
un après-midi	afternoon
un arbre	tree
l'argent (m)	money
une armoire	cupboard, wardrobe
un arrêt (d'autobus)	(bus) stop
une arrivée	arrival
un aspirateur	vacuum cleaner
assez	enough, fairly
une assiette	plate
assis	sitting down
attraper	to catch
une auberge de jeunesse	youth hostel
aujourd'hui	today
aussi	also

un autobus (le bus)	bus
l'automne (m)	autumn
en automne	in autumn
autre	other
l'Autriche (f)	Austria
avant de	before
l'avenir (m)	future
une averse	shower
avertir	to warn
un avion	aeroplane
un avis	notice
les bagages (m)	luggage
se baigner	to bathe
la baignoire	bath
le ballon	ball
le banc	bench
la barbe	beard
bas(se)	low
le bas	stocking
la bataille	battle
le bateau	boat
le bâtiment	building
le beau-père	father-in-law
la Belgique	Belgium
la belle-mère	mother-in-law
la bibliothèque	bookcase
la bicyclette	bicycle
bientôt	soon
la bière	beer
le(s) bijou(x)	jewel(s)
le billet	ticket
le billet de banque	banknote
blanc(he)	white
blessé	hurt, injured
la blessure	injury
bleu	blue
blond	blond, fair

133

le boeuf	beef
la boisson	drink
la boîte d'allumettes	box of matches
le bonheur	happiness
au bord de la mer	at the seaside
la bouche	mouth
le boucher	butcher
la boucherie	butcher's shop
bouger	to move
le boulanger	baker
la boulangerie	baker's shop
la bouteille	bottle
la boutique	shop
le bouton	button
le bras	arm
briller	to shine
bronzé	sun-tanned
le brouillard	fog, mist
le bruit	noise
la brume	fog, mist
brun	brown
le buffet	sideboard, buffet
le bureau	office
le bureau de renseignements	information office
le butin	loot, swag
le cabinet de travail	study
le cadeau	present
le camion	lorry
(à) la campagne	(in) the country
le camping	campsite
faire du camping	to go camping
le canapé	sofa
le canard	duck
la canne à pêche	fishing rod
le canot	rowing boat
car	for
le car	coach
le carrefour	crossroads
la carte postale	postcard
la casquette	cap
la casserole	saucepan
à cause de	because of
causer	to chat
la cave	cellar
célèbre	famous
celui, celle	the one
le centre ville	town centre
chacun	each one
la chaise	chair
la chaleur	warmth, heat
la chambre à coucher	bedroom
chanter	to sing
le chapeau	hat
chaque	each
le charbon	coal
la chasse	hunting
châtain	chestnut
le château	castle
le chauffage	heating
chauffé	heated
la chaussée	carriageway, road
la chaussure	shoe
le chef	chief
le chemin de fer	railway
la cheminée	fireplace
la chemise	shirt
cher (-ère)	dear
chercher	to look for
le(s) cheval (-aux)	horse(s)
le(s) cheveu(x)	hair
le chien	dog
la chimie	chemistry
la chute	fall
ci-dessous	below
le ciel	sky
la circulation	traffic
circuler	to run
cirer	to polish
la clé	key
le/la client(e)	customer
le coffre	safe
le coiffeur/la coiffeuse	hairdresser
le coin	corner
le col	collar
le collège	school
le collier	necklace
commettre	to commit
la compagnie	company
comparer	to compare
comprendre	to understand, include
le comptoir	counter
le conducteur	driver
conduire	to drive
la confiture	jam
le jour de congé	day's holiday
connaître	to know
la consigne	left luggage office

le contrôleur	ticket collector
le copain	pal
le corps	body
la correspondance	connection
la côte	coast
le cou	neck
le coup	blow
le coup d'oeil	glance
couper	to cut
la cour	playground
courir	to run
le cours	lesson
la course	race
les courses	shopping
court	short
le couteau	knife
coûter	to cost
la couverture	blanket
craindre	to fear
la cravate	tie
le crayon	pencil
créer	to create, found
crevé	burst
la croisière	cruise
la crosse	butt (of gun)
la cuiller	spoon
le cuir	leather
la cuisine	kitchen
la cuisinière	cooker
le cygne	swan
la dactylo	typist
debout	standing
le début	beginning
décrire	to describe
le défaut	fault
dehors	outside
le déjeuner	lunch
demain	tomorrow
le départ	departure
dépasser	to overtake, go beyond
dépendre de	to depend on
être déporté	to go out of control
déposer	to deposit, put down
dernier (-ère)	last
descendre	to go down (stairs), to put up (at a hotel)
désherber	to weed
désirer	to want
le dessin	drawing
deuxième	second
devoir	to have to, to owe
les devoirs (m)	homework
le dîner	dinner
le directeur	headmaster
se diriger	to make one's way
disponible	available
disposer de	to have at one's disposal
le disque	record
le dortoir	dormitory
la douane	customs
le douanier	customs officer
la douche	shower
le drap	sheet
le drapeau	flag
droit	right
tout droit	straight on
à droite	on, to the right
drôle	funny
la durée	length (of time)
durer	to last
l'eau (f)	water
une échelle	ladder
s'éclaircir	to clear up
une école	school
écouter	to listen to
écrire	to write
s'effectuer	to take place
également	equally
une église	church
un électrophone	record player
un(e) élève	pupil
s'éloigner	to go away
emmener	to take
un emplacement	pitch (for a tent)
un emploi	job
un(e) employé(e)	clerk, employee
emporter	to take
encombré	encumbered
encore	still, again, yet
un endroit	place
un(e) enfant	child
enlever	to take off
ensoleillé	sunny
ensuite	next
entamer	to begin
entendre	to hear

bien entendu	of course	*la fille*	daughter, girl
entier (-ère)	entire, whole	*le fils*	son
environ	about	*la fin*	end
envoyer	to send	*la fleur*	flower
une épaule	shoulder	*la forêt*	forest
une épicerie	grocer's shop	*fort*	strong, very
éplucher	to peel	*le four*	oven
une époque	period, time	*la fourchette*	fork
un escalier	staircase	*la fraise*	strawberry
l'Espagne (f)	Spain	*français*	French
espérer	to hope	*frapper*	to hit
essayer	to try	*le frère*	brother
l'essence(f)	petrol	*frisé*	curly
l'est (m)	east	*froid*	cold
un étage	floor, storey	*le fromage*	cheese
une étape	stage (of journey)	*le front*	forehead
un état	state	*la fuite*	flight, escape
les États-Unis	USA	*fumer*	to smoke
l'été (m)	summer	*le fusil à canon scié*	sawn-off shotgun
en été	in summer		
une étoile	star	*gagner (de l'argent)*	to earn (money)
étranger (-ère)	foreign	*le garçon (de café)*	waiter
un(e) étranger (-ère)	foreigner	*la gare*	station
à l'étranger	abroad	*garer*	to garage
un(e) étudiant(e)	student	*le gâteau*	cake
étudier	to study	*gauche*	left
eux (m)	them	*à gauche*	on, to the left
un évier	sink	*le gaz*	gas
éviter	to avoid	*le(s) genou(x)*	knee(s)
		gentil(le)	pleasant, nice
facile	easy	*la glace*	ice cream
le facteur	postman	*grand*	large, tall
faire de l'alpinisme	to go mountaineering	*la grand-mère*	grandmother
faire la lessive	to do the washing	*le grand-père*	grandfather
faire la vaisselle	to do the washing up	*à mon (etc.) gré*	for my liking
faire les lits	to make the beds	*la grève*	strike
la falaise	cliff	*gris*	grey
la famille	family	*le guichet*	ticket office
fatigant	tiring		
fatigué	tired	*habiter*	to live in
il faut	you(etc.) must	*d'habitude*	usually
le fauteuil	armchair	*une hélice*	propellor
la femme	wife, woman	*l'herbe (f)*	grass
la fenêtre	window	*de bonne heure*	early
le fer à repasser	iron	*heurter*	to bump into
le fermier	farmer	*hier*	yesterday
la fête	festival	*une histoire*	story
le feu	fire	*l'hiver (m)*	winter
la fiche	form	*en hiver*	in winter
le filet	net	*un hôpital*	hospital

un horaire	timetable	*la maison*	house
hors de	out of	*(le/la) malade*	ill, sick (person)
un hôtel de ville	town hall	*malgré*	in spite of
		la Manche	English Channel
un immeuble	block of flats	*manger*	to eat
un imperméable	raincoat	*manquer*	to miss
incroyable	unbelievable	*le manteau*	overcoat (woman's)
une infirmière	nurse	*la marchandise*	merchandise, goods
inquiet(-ète)	worried	*le marché*	market
		marcher	to walk, to run (of machinery)
jamais	ever, never		
la jambe	leg	*le mari*	husband
le jardin	garden	*la marque*	make
le jean	jeans	*la matière*	school subject
jeune	young	*le matin*	morning
joli	pretty	*la matinée*	morning
la joue	cheek	*le mécanicien*	mechanic
jouer	to play	*méchant*	nasty
le jour	day	*mécontent*	dissatisfied
le journal	newspaper	*le médecin*	doctor
la journée	day	*meilleur*	better
la jupe	skirt	*le mélange*	mixture
jusqu'à	until	*même*	same, self, even
		le ménage	housework
le lac	lake	*la mer*	sea
la laine	wool	*la mère*	mother
laisser	to leave, let	*la messe*	mass
la langue	language	*le météo*	weather forecast
le lapin	rabbit	*le métier*	job
le lavabo	wash basin	*le Métro*	Underground
le lave-vaisselle	dishwasher	*mettre*	to put, take (time)
léger (-ère)	light	*les meubles (m)*	furniture
le légume	vegetable	*le miroir*	mirror
lent	slow	*la mode*	fashion
la librairie	bookshop	*moins*	less
libre	free	*le mois*	month
le lieu	place	*la moitié*	half
le linge	washing	*tout le monde*	everyone
le lit	bed	*monter*	to go up
loin	far off	*le monument*	important building
long(ue)	long	*le mot*	word
lorsque	when	*la moto(cyclette)*	motor bike
louer	to hire	*moyen(ne)*	average
lourd	heavy	*le mur*	wall
les lunettes(f)	glasses	*le musée*	museum
la machine à laver	washing machine	*nager*	to swim
le magasin	shop	*la naissance*	birth
le maillot de bain	bathing costume	*néanmoins*	nevertheless
la main	hand	*la neige*	snow

nettoyer	to clean	*payer*	to pay (for)
neuf (neuve)	(brand) new	*le pays*	country
le neveu	nephew	*le paysage*	countryside
le nez	nose	*la peau de chamois*	shammy leather
noir	black	*la pêche*	peach
le nombre	number	*pêcher*	to fish
le nord	north	*le peintre*	painter
la Norvège	Norway	*la pelouse*	lawn
la note	bill, mark	*pendant*	during
nouveau (-elle)	new	*la pendule*	clock
à nouveau	once again	*le père*	father
le nuage	cloud	*permettre*	to allow
nuageux	cloudy	*peser*	to weigh
		petit	small
obligé	grateful, obliged	*le petit déjeuner*	breakfast
occupé	occupied	*(un) peu*	(a) little
un oeil (les yeux)	eye(s)	*la pièce*	room
un oeuf	egg	*la pièce de monnaie*	coin
un oiseau	bird	*le pied*	foot
un oncle	uncle	*à pied*	on foot
un orage	storm	*le piéton*	pedestrian
les ordures (f)	rubbish	*la piscine*	swimming bath
une oreille	ear	*le pistolet*	pistol
un oreiller	pillow	*le placard*	cupboard
oublier	to forget	*la place*	square, seat
l'ouest (m)	west		(on train, etc.)
en outre	besides	*la plage*	beach
ouvert	open	*se plaindre*	to complain
		au premier plan	in the foreground
le panier	basket	*le plancher*	floor
tomber en panne	to break down	*la plaque électrique*	hotplate
le pantalon	trousers	*le plat*	dish
le papier	paper	*pleuvoir*	to rain
le paquet	packet, parcel	*la pluie*	rain
paraître	to appear	*plusieurs*	several
par-dessus	over	*pluvieux*	rainy
le pardessus	overcoat (man's)	*le pneu*	tyre
paresseux (-euse)	lazy	*la poche*	pocket
partir	to leave, depart	*le poids*	weight
à partir	from	*la poire*	pear
partout	everywhere	*le poisson*	fish
le passager	passenger	*polir*	to polish
le passant	passer-by	*la pomme*	apple
se passer	to happen	*la pomme de terre*	potato
passer une frontière	to cross a frontier	*le pompier*	fireman
passer (une journée)	to spend (a day)	*le pont*	bridge
le passe-temps	pastime	*le port (de pêche)*	(fishing) port
la patinoire	skating rink	*portatif (-ive)*	portable
la pâtisserie	cake shop	*la porte*	door
le/la patron(ne)	boss	*porter*	to wear, carry

poser	to put	réparer	to repair
la Poste	Post office	le repas	meal
pourtant	however	le repassage	ironing
pousser	to push	reposant	restful
pratique	practical	reprendre	to regain
pratiquer	to take part in	connaissance	consciousness
se précipiter	to hurry, rush	rester	to remain, stay
préférer	to prefer	en retard	late
préféré	favourite	retrouver	to find again
premier (-ère)	first	réuni	gathered
prendre	to take	le réveil	alarm clock
presque	almost	le rez-de-chaussée	ground floor
pressé	in a hurry	le rideau	curtain
prêt	ready	de rien	that's quite all right
prévenir	to warn	la rivière	river
le printemps	spring	la robe	dress
au printemps	in spring	le rocher	rock
la prise	capture	le roi	king
le prix	price	la roue	wheel
prochain	next	rouge	red
le/la professeur	teacher	rouler	to drive
faire une promenade	to go for a walk, outing	la route	road
		le routier	lorry driver
se promener	to go for a walk, outing	la rue	street
propre	clean, own	le sable	sand
puis	then	le sac	bag
le pull(over)	pullover	le sac de couchage	sleeping bag
		sale	dirty
le quai	platform, quay	la salle à manger	dining room
quel(le)	which? what a ...!	la salle d'attente	waiting room
quelquefois	sometimes	la salle de bains	bathroom
quitter	to leave	le salon	lounge
		sans	without
rabattre	to pull down	sauf	except
raconter	to tell (a story)	sauter	to jump
ramener	to take back	le seau	bucket
rater	to fail	sec (sèche)	dry
recevoir	to receive	la secrétaire	secretary
la recherche	inquiry	le séjour	stay, living room
le réfectoire	dining hall	la semaine	week
le réfrigérateur	fridge	la serviette	towel
la régate	regatta	servir	to serve
le règlement	rules	seul	alone
remarquer	to notice, remark	le siècle	century
les remerciements(m)	thanks	le sifflet	whistle
remplir	to fill (in)	la soeur	sister
rencontrer	to meet	soigner	to take care of
les renseignements(m)	information	le soir	evening
rentrer	to return (home)	la soirée	evening

le soleil	sun	travailler	to work
la sortie	outing, exit	le travailleur	worker
sortir	to go out	la traversée	crossing
soudain	suddenly	traverser	to cross
soulagé	eased	le trimestre	term
le soulier	shoe	triste	sad
sourire	to smile	troisième	third
le sous-sol	basement	trop	too, too much
souterrain	underground	trouver	to find
souvent	often	se trouver	to be
le stade	stadium		
en stationnement	parked	une usine	factory
stationner	to park		
le sud	south	les vacances (f)	holidays
la Suisse	Switzerland	la vache	cow
tout de suite	straight away	la valise	suitcase
suivre	to follow	varier	to vary
suivant	following	la vedette	(film, TV) star,
bien sûr	of course		pleasure boat
sympathique	nice	la veille	eve
le syndicat d'initiative	tourist information office	le vélo	bicycle
		le vendeur	salesman
		la vendeuse	salesgirl
		vendre	to sell
le tableau	picture	le vent	wind
la tâche	task, job	vérifier	to check
la taille	height	le verre	glass
le talus	bank	vers	towards, about
la tante	aunt	la veste	jacket
taper à la machine	to type	le veston	jacket
le tapis	carpet	les vêtements (m)	clothes
tard	late	vêtu	dressed
la tasse	cup	veuillez ...	be so kind as to ...
téléphoner à	to telephone	la viande	meat
le téléviseur	TV set	la vie	life
la tente	tent	vieux (vieille)	old
le terrain	pitch, ground	la ville	town
la terre	land	le virage	bend
le ticket	ticket (bus, Métro)	le visage	face
le tir	shooting	vite	quickly
tirer	to pull	la vitesse	speed
les toilettes(f)	toilets	le/la voisin(e)	neighbour
le tombeau	tomb	la voiture	car
la tondeuse à gazon	lawnmower	le vol	theft, flight
tondre	to mow	le volet	shutter
le torchon	duster, tea towel	le voleur	thief
tôt	early	volontiers	willingly
toujours	always	le voyage	journey
la tournée	round	le voyageur	passenger
tout à fait	quite		
le trajet	journey	les WC (m)	toilet